Heinrich Joseph von Collin

Balboa

Ein Trauerspiel in fünf Aufzügen

Heinrich Joseph von   Collin
Balboa
Ein Trauerspiel in fünf Aufzügen

ISBN/EAN: 9783337357368

Hergestellt in Europa, USA, Kanada, Australien, Japan

Cover: Foto ©Thomas Meinert / pixelio.de

Weitere Bücher finden Sie auf **www.hansebooks.com**

Balboa.

—

Ein Trauerspiel

in

fünf Aufzügen

von

Collin.

Berlin,

bei Johann Friedrich Unger.

1806.

Personen.

Pedrarias, Statthalter auf Darien.
Maria, seine Tochter.
Vasco Nunez Balboa, Adelantado.
Jeronimo, oberster Richter.
Eskimosa, Richter.
Linares
Almes
Suligo
Pinto } Hauptleute des Balboa.

Medina, Aufwärterinn der Maria.
Volk. Wache. Richter. Bothe.
Gefolge.

Erster Aufzug.

Ein mit Blumenkränzen und Trophäen gezierter sonst einfach gebauter Saal.

Erster Auftritt.

Jeronimo. Linares.

(treten schleunig auf.)

Linares.

Ihr in Maria del Antigua?
Seyd herzlich uns willkommen! Dieses Glück —
O mein Jeronimo — wem danken wir's?

Jeronimo.

Zum höchsten Richteramt' auf Darien
Berief mich unsers Königs Majestät.
Ich folgte freudig diesem schönen Rufe,
Der lange schon mein Wunsch im Stillen war.
Seit Pedrarias Spanien verließ,
Um hier des Königs Stelle zu vertreten,
Fand in Madrid ich keine Ruhe mehr.
Das Loos der Wilden unter diesem Herrscher
Schien mir bedauernswerth. Ich sehnte mich
Ihr Schicksal zu erleichtern. — Selbst im Schlafe
Rief mich gebietend mancher düstre Traum
An dieses Ufer. Mit dem ersten Schiffe
Flog ich nach Hispanjola, weilte dort
Nur einen Tag, und segelte hierher.

— Doch sprecht nun auch, mein Freund! Was geht hier vor?
Denn dieser Saal, mit Kränzen ausgeschmückt,
Und dieser Fahnen, dieser Waffen Prunk,
Die Dienerschaft, zur Feier aufgeregt,
Verkündet Festlichkeit, verkündet Freude.

Linares.

Für uns! für euch! Frohlocket guter Greis!
Die Tochter Pedrarias, euer Zögling —

Jeronimo.

Der Engel! — geht's ihm wohl? Ist sie nun glücklich?
Erhörte Gott mein sehnlichstes Gebet?

Linares.

In einer Stunde seht ihr sie vermählt.

Jeronimo.

Vermählt? Vermählt! Wie habt ihr mich erschreckt.
Doch auch nach ihrer Neigung? sprecht, mit wem?

Linares.

Der Bräutigam ist ganz Mariens werth;
Der Name sey euch Bürge: — Balboa!

Jeronimo.

Scherzt ihr mit meinem Alter, junger Mann?

Linares.

Dann müßt' ich euch so innig nicht verehren.

Jeronimo.

Vergebt! Mit Balboa? Wie unbegreiflich!
Ich kenne Pedrarias und den Groll,
Der wider diesen Balboa ihm grimmig
Die Brust erfüllt, an seinem Leben zehrt. —
Mit Balboa die Tochter Pedrarias?
Hier glimmt ein Unheil! — Freund, so kenn' ich ihn:
Eh' er dem Feinde seine Tochter gönnte,
Eh' würd' er sie dem Meere selbst vermählen.
Ihr staunet? — Ja! So denkt ein Pedrarias.

    Linares.

Ihr werdet selbst des Festes Zeuge seyn.

    Jeronimo.

O wie ganz anders treff' ich alles an.
In Hispanjola scholl der frohe Ruf:
Ein Meer gen Westen habe Balboa,
Mit ihm zu neuen segensreichen Ländern
Entdeckt die langgesuchte sichre Pforte?
Wie freute sich im Herzen mancher Christ,
Das heil'ge Kreuz dort aufgepflanzt zu seh'n;
Wo, hingeführt vom milden Balboa,
Der Indier es zwanglos ehren würde. —
Die Sage wäre falsch? Der Held noch hier?

    Linares.

Wahr sprach der Ruf. An jenem Meere harrten
Wir schon der Abfahrt. Jedem Krieger klopfte
Das kühne Herz mit frohem Ungestüm,
Bald einzudringen in das Paradies,
Wohin bisher mißgönnend die Natur
Den reichsten Schatz des edlen Gold's verbarg.

    Jeronimo.

Unsel'ges Gold! — Doch, Linares, sprecht weiter!

Linares.

Da kommt ein Bothe keuchend angeritten,
Bringt Vasko Nunez schriftlichen Befehl,
Zurückzukehren und mit aller Eile,
Weil Pedrarias wicht'ge Dinge noch
Mit ihm bereden müsse. Wir erstarrten.
Die ganze Mannschaft murrte. Doch der Held
Verwies uns dieses Murren, flog hinweg.
Wir folgten nach, nur eine kleine Zahl,
Doch in derselben jeder, Mann für Mann,
Zu seinem Schutz' auf Kampf und Tod entschlossen.

Jeronimo.

Und Pedrarias? — Wie empfing er ihn?

Linares.

Verschlossen, finster, kalt, nach seiner Art.
Auch das Geschäft war nicht der Reise werth;
Ein kurzes Briefchen hätt' es abgethan.
Nun sah ich klar, er gönne meinem Herrn
Die Ehre nicht, und halt' ihn nur zurück. —
Ich wache, bin zu Schutz und Wehr gefaßt;
Fest kett' ich seine Treuen hier zusammen.
Denn nicht besorg' ich bloß, ich weiß es, Freund:
Noch haßt den Helden heimlich Pedrarias.

Jeronimo.

Und wählt ihn doch zu seinem Tochtermann?

Linares.

Weil er ihn wählen muß, Jeronimo.
Laßt ein Geheimniß eurer Brust vertrau'n.

Es hat sich durch Ximenes Balboa
Gewendet an des Königs Majestät,
Erzwungen dieses Bündniß, das wohl nur
Durch solches Vorwort möglich werden konnte.

Jeronimo.

Wer kann den stolzen Pedrarias zwingen?

Linares.

Den list'gen sagt, dann stimm' ich mit euch ein.

Jeronimo.

That Balboa den Schritt mit ihrem Wissen?

Linares.

Er denkt zu zart, um ihre Kindlichkeit
Auch nur mit leisem Vorwurf zu belasten.
Maria liebet innig ihren Vater; —
Nur im Verborg'nen weint sie ihre Thränen,
Die seine Rauhheit täglich ihr entpreßt.

Jeronimo.

So zieht sie nun mit Balboa hinweg?

Linares.

Unwillig nur entsagt sie dieser Reise.

Jeronimo.

Umwölkt erblick' ich deinen Pfad, Maria!

Linares.

Wir alle fürchten. Er allein ist ruhig.

Er ahnet nichts; vielmehr er will nichts ahnen.
So war Kolombos auch. Das ist die Art
Der großen Männer. — Wo Gefahr sich zeigt,
Im Schlachtgewühl, in der empörten See:
Da stehen sie wie Gottes Cherubim,
So flammt ihr Auge, blitzt ihr Schwert empor! —
Doch steigen diese Mächtigen herab
In des gemeinen Lebens niedern Kreis:
Man möchte sie für schwache Kinder halten;
So unbefangen wandeln sie einher,
Wo rings die Tücke lauernd Netze stellt. —
Was sollt' auch Argwohn in der Heldenseele?
Des Argwohns bleiche Mutter ist die Furcht. —
Wie gerne täuscht der große Mann sich selbst!
Um einsam nicht zu stehen, hebt er rings
Den Menschen auf zu sich; doch der — bleibt klein.

Jeronimo.
(vom Nachdenken erwachend.)

Ich muß Marien sprechen, Linares.

Linares.

So wartet hier. Ich eile sie zu holen.

Zweiter Auftritt.

Jeronimo.

Wer wohl vermag die Räthsel mir zu lösen? —
Ich weiß ja doch, daß dieser Pedrarias,
Zum Sturze Balboa's, in Spanien
Nun jede Mine sprengt. — O Gott im Himmel!
Reicht er darum die falsche Hand dem Eidam,
Daß er ihn sicherer nur und ganz verderbe?
Wenn vor dem Throne die gehäss'ge Klage

Sich mit dem Scheine abgedrung'ner Pflicht
Die Wangen schminkt; Vertrauen sich gewinnt?
Es ist zu gräßlich! Nein, es kann der Haß
Zu solcher Wuth nicht steigen, daß ein Vater
Ihm blind die einz'ge Tochter opfern könnte!
O meine Ahnung werde nicht erfüllt! —
Seit ich dies Land betrat, das heißersehnte,
Wird enger stets, und enger, meine Brust;
Als käm' ich hier zu einem Unglück an. —
Nun, Alter, fasse dich! — Sie ist's — Sie kommt!

Dritter Auftritt.

Maria. Jeronimo.

Maria.

Ach, wär' es möglich? Ja fürwahr, er ist's!
Jeronimo, mein Freund, mein Lehrer, Vater!

Jeronimo.

Verehrte Donna!

Maria.

Nennt mich eure Tochter!
Ich bin's von jenen Stunden noch gewohnt,
Als ich an euerm Munde horchend hing.
Seyd nicht so fremd, so kalt, Jeronimo!
Setzt euch zu mir, mein hochwillkommner Gast.
O theurer Mann! Wie nun schon heil'ges Silber
Hellglänzend euch die fromme Stirn umflattert.
Laßt mich sie küssen. Viel ja dank' ich euch.

Jeronimo.

Das seh' ich wohl — Ihr habt mich nicht vergessen.

Maria.

Vergessen? euch? und hier? und jetzt? — O Gott!
In meinem Herzen hab' ich euch getragen,
Und meinen Engel täglich angefleht,
Daß er euch schütze mit dem Flammenschilde!

Jeronimo.

Nehmt meinen Segen, gutes, theures Kind!
— Man sagt, ich dürf' euch nun als Braut begrüßen,
In einer Stunde würdet ihr vermählt?

Maria.

Jeronimo, o mein Jeronimo!
Daß ihr zu uns gekommen, heute, jetzt;
Laut laßt mich diese Himmelsfügung preisen!
Der Mann, dem ich mein tiefstes Weh vertraute,
Er durfte nicht bei meinem Glücke fehlen. —
Oft denk' ich wohl nach Spanien zurück. —
Wie düster floß dort meine Jugend hin!
Die Menschen quälten mich, ich war nur froh
Verhallt' ich bei der Laute Klang mein Leid,
Im kühlen Dunkel meines Silberbachs.
Nur, wenn ich weinte, ward mir herzlich wohl.

Jeronimo.

Dann sagt' ich stets: Das macht euch krank und schwach.

Maria.

Wie alles, alles lebhaft mir erscheint!
Ich seh' euch noch zu meiner Rosenlaube
Mit Eile nah'n, jetzt freundlich vor mir stehen,
Mit sanft gebeugtem Haupt, mit mildem Blicke; —

Ich hör' euch fragen: Kind, was fehlt dir nun?
Was weinest Du? — Stets ging das Herz mir auf,
Wenn ihr mich fragtet: Kind, was weinest du? —

Jeronimo.

Vom Herzen kam's, und traf daher das Herz.

Maria.

Ich klagt' euch dann mit kindlich offnem Sinne,
Wie rauh, wie ungerecht man mich behandle;
Wie jedes edle, heilige Gefühl,
Als Schwärmerei mir hart verwiesen werde;
Wie selbst mein Vater — — stille! nichts davon. —
Hinweg, so rief ich, fort von dieser Welt!
Ach, gönnet mir ein stilles Heiligthum,
Eh' Menschenhaß mein junges Herz ergreife!
Da zürntet ihr, wie eine Mutter zürnt,
Wohlwollend, liebevoll! Der sündiget,
So spracht ihr warnend, sündiget an Gott,
Wer frech der Schöpfung Meisterwerk verachtet. —
Viel sind der Edlen, fuhrt ihr sanfter fort,
Nur leben sie zerstreuet. — Gott erzieht
Oft weitentfernt die gleichgestimmten Seelen,
Und führet sie dann wunderbar zusammen,
Wenn sie zur Harmonie vollendet sind. —
War das nicht euer Wort, Jeronimo?

Jeronimo.

Ja wohl.

Maria.

An mir hat sich das Wort erfüllt.
Hier, wo ein Grauen mich vor Menschen faßte,
Wo Mord auf Mord den scheuen Blick entsetzte,

Wo ringend im Gebet vor Gott ich lag,
Daß er durch Tod mich vor Verzweiflung rette:
Hier — fand ich Balboa!

Jeronimo.

O großer Gott!

Maria.

Hier lernt' ich erst die hohe Menschheit ehren. —
Und was ihr einst von ihrer Herrlichkeit,
In schönen Stunden, lehrend, mir vertrautet:
In ihm hab' ich lebendig es erkannt. —
Wie angestrahlt vom hehren Himmelsglanze,
Beseligt, hocherhoben, und entzückt,
Rief ich nun endlich aus: Der Mensch ist gut!

Jeronimo.

Vergöttert nicht, was ihr zuvor verachtet!

Maria.

Die Tugend lieb' ich ja, da ich ihn liebe.
Gibt's wohl ein Maaß der Liebe für die Tugend? —
Ihr selbst, Jeronimo, habt einst in Spanien
Mir Balboa, mit trunkner Rednerlippe,
Als schönsten Stolz des hohen Vaterlands,
Als frohe Hoffnung unsrer Christenheit,
Als einen Helden, mild und groß, gerühmt;
Und so gerühmt, daß dann mein irrer Blick,
Auf ihn gewendet, sich gefesselt fand. —
Macht euch das Alter nun so ernst und kalt,
Daß ihr, berührt von seines Namens Zauber,
Zum Psalter nicht den frohen Geist erhebt?

Jeronimo.

Die Sorge drücket meinen Geist darnieder. —
Habt ihr in Liebeswonne schon vergessen,
Wie euer Vater Balboa gehaßt?

Maria.

Das war. Das ist vorüber. Gott sey Dank,
Daß es vorüber ist! Nichts mehr davon.

Jeronimo.

Maria! Nimmer quillt aus einer Ehe,
Begonnen ohne Vatersegen, Heil. —
Und hofft ihr ihn zu euerm Ehebund?

Maria.

Würd' ich sonst heiter seyn, Jeronimo?
Nun seh' ich wohl, ihr kennt nicht Balboa.
Was euch dahinriß, war ein Schimmer nur
Von seiner Größe; nicht sein ganzer Himmel,
Der strahlend Wonne weit um sich ergießt.
Wie der Magnet das Eisen an sich zieht,
Das widerstrebende: so seine Güte
Des Feindes Herz. — Wer sich dem Hohen naht,
Der widerstehet nicht dem süßen Zuge:
Gebannt in seine milden Lebenskreise,
Fühlt er sich nah' und näher angezogen,
Und enger bald, dann ganz mit ihm verbunden. —
Und so, durch ihn, veredelt, umgeschaffen,
Ist aus dem Feinde schon ein Freund geworden. —
Auch meines Vaters strengeres Gemüth
Ward doch von seiner Güte Strahl durchdrungen.
Des neuen Bundes freut der Indier sich,
Und fühlet seine Bande schon erleichtert.
Er segnet ihn! — Und diesen Einzigen,
Der mächtig herrschet über alle Herzen,
Ihn nenn' ich mein! — Mich schauert's vor dem Glücke!

Dich, Balboa, dich nenn' ich mein! Dich mein!

Jeronimo.

O wunderbare Täuschung süßer Liebe!
Ihr leiht der ganzen Menschheit das Entzücken,
So still und heimlich eure Brust beglückt.

Maria.

Wie könnt' ich, Guter, eure Sorgen theilen?
Soll ich des Vaters klarem Wort mißtrauen?

Jeronimo.

Was man sich wünscht, erklärt man aus dem Worte,
Das dunkel oft ganz andern Sinn verbirgt.
O wollte Gott, daß ich euch glauben dürfte;
Doch schwere Zweifel dringen auf mich ein!
Wohl kenn' ich Balboa und Pedrarias! —
Wer kann zum Einklang diese Herzen stimmen?

Maria.

In eurer Seele walten mächtig noch
Die schwarzen Wolken der Vergangenheit,
Und wollen nicht dem frohen Lichte weichen. —
Wie werd' ich mich an eurer Wonne freuen,
Wenn ihr nun bald die schöne Gegenwart
Im hellen Spiegel eures Geistes schaut!

Jeronimo.

Wie innig ihr mich rührt! Ach, eure Unschuld
Fühlt sich so glücklich, glaubet sich so sicher,
Sieht noch die Zukunft nur im Rosenlichte. —
O Kind! — Die Lebenswoge fließt nicht immer
Im klaren Strome sanft und ruhig hin.
Weh dem, der dann, wenn wild der Sturm sich hebt,

Unvorbereitet sich ergreifen läßt!
Es bricht mein Herz, allein ich muß euch warnen. —
Der Himmel wache über Balboa!
Schon rüstet sich — o glaubt dem Vielerfahrnen! —
Geheim zur Fehde wider ihn der Haß.
Vom Hinterhalte lauert gift'ger Neid,
Der Freund verläßt ihn, einsam steht er da,
Und hundertköpfig immer sich erneuernd
Umbrüllt an seiner Brust euch rings Gefahr. —
Werft einen Blick in euer Innerstes!
Lebt euch die Kraft im zarten Busen nicht,
An seinem Arm der Hölle Wuth zu trotzen:
Noch ist es Zeit! — Zieht eure Hand zurück!

Maria.

Auch sterbend nicht! — Sein bin ich, bleibe sein!

Jeronimo.

Lebt wohl! Mich ruft die Pflicht zu eurem Vater.
Lebt wohl! —
          Noch eines, Donna! Pedrarias
Hat euch doch innig stets geliebt. Das denkt! —
Und wenn sich gleich sein Herz verbittern sollte,
Und würd' er selbst unfreundlich, ungerecht:
Ertragt's gelassen! — Oefters hat ja schon
Nachgiebigkeit den stärksten Haß besiegt. —
Wenn ihr durch Sanftmuth euch zu euerm Bündniß
Erringt des Vaters Segen: holde Donna!
Ihr lebt dann freudiger, ihr sterbt einst leichter! —

Maria.

Ihr habt mit Angst mein Innerstes erfüllt.

Balboa.

(ruft innerhalb der Scene.)

Maria hier?

Jeronimo.

Ich muß zu euerm Vater. (ab.)

Vierter Auftritt.

Balboa. Maria.

Balboa (herbeieilend.)

Maria!

Maria.

Balboa!

Balboa.

Fühl'st du dich glücklich?

Maria.

Ach, unaussprechlich!

Balboa.

Lies nun das Entzücken
In meinem Auge, fühl's an diesem Kusse,
Den wonnevoll ich auf die Hand dir drücke.
Verzeih! Ich bin berauscht. (umarmt sie.) Zu viel des Glücks!
Ich hab' es nicht verdient, gewonnen nur.

Maria.

Die Stunde naht, die ewig uns vereint.

Balboa.

Sie naht! sie naht! Mit ihr ein neues Leben!

Maria.

Ein neuer Kampf, und neue Lebensstürme.

Balboa.

Mit Muth hinein! Die Liebe weckt den Muth.

Maria.

Und sinken wir? —

Balboa.

Doch sinkt die Liebe nie.

Maria.

An diesem Glauben will ich fest mich halten.

Balboa.

Warum, geliebte Seele, nun so ängstlich?
Ganz anders stimmt mich dieses Tages Feier.
Wie kann ich dir's erklären, wie beschreiben? —
Als auf den Bergen von San Miguel
Die langersehnte Sonne mir erschien;
Vor ihrem Glanz die Nebelhülle riß;
Ich dann des Meeres unermeßne Fluth
Der erste sah, und laut als Herr begrüßte:
Da glaubt' ich schon das höchste Glück zu fassen.
Es war ein Wahn! Was jene Länder bergen,
Ist flimmernd Gold, sind eitle Perlen nur;
Viel edlern Schatz verwahrt dies treue Herz.
Wohl mir! Ich darf es mein jetzt nennen, mein!

Und stolz erheb' ich mich, ein Herr der Welt,
Da ich ihr Schönstes, Köstlichstes gewann!

Maria.

Ich kann dir doch nur Liebe, Liebe geben!

Balboa.

Und ich mit Liebe, Liebe nur vergelten!

Maria.

Zu groß ist dieses Glück! Es kann nicht währen.

Balboa.

Mach deinem Herzen Luft. — Was fürchtest du?

Maria.

— Ist nicht die nahe Trennung schon genug? —
Beneidenswerth ist noch des Mannes Loos;
Ihn reißt die Zeit im Thatenfluge fort.
Uns, den Verlass'nen, Einsamweilenden,
Wird jeder Tag zur bangen Ewigkeit. —
Berede meinen Vater! Nimm mich mit!

Balboa.

Wo denkst du hin? Dich sollt' ich dann mit Hunger,
Mit Frost und Hitze kämpfen, leiden seh'n.
Das fordre nicht. Soll dieser zarte Fuß
Die Felsenklippen blutend überklimmen;
Und wenn — mich schauerts — einst im Kampf! —

Maria (heftig).

Das ist's!
Dann kämpf' ich dir zur Seite, Balboa.

Balboa.

Um schnell den Muth in meiner Brust zu tödten.
Für dich besorgt, könnt' ich für andre denken?
Ich bin nur ruhig, wenn du sicher bist.

Maria.

Selbstsüchtiger! Ich aber soll für dich
In Gram, und Angst, und Einsamkeit vergehen.

Balboa.

Gott und die Liebe wird mich sicher leiten!
Sey ohne Furcht! Wo bleibt dein Muth, Maria?
Wenn düster uns die Gegenwart umdrängt,
Wer möchte thöricht noch bei ihr verweilen?
Laß uns im Geiste schnell die Zukunft fassen,
In ihr nur leben. — Freundlich lacht sie uns!
So schafft' ich oft mir eine bess're Welt,
Mir meine höchsten Lebensfreuden selbst.

Maria.

Und welche Aussicht winkt dir nun so freundlich?

Balboa.

Du kannst das fragen, holde Schöpferinn? —
Ein Bild, von Engeln oft im Traum geseh'n,
Ein Bild, von karger Wirklichkeit versagt,
Vollendet hobst du's auf aus deiner Brust. —
Ha! wie der Adler nach der Sonne fleugt,
So streb' ich schon dem hellen Bild entgegen! —
Der Indier mit dem Kastilier
Im Freundschaftsbund; ein Volk sie beide;
Das heil'ge Kreuz des frommen Bundes Zeichen;
Ein fest auf Menschlichkeit gegründet Reich,

Wo man mit Liebe herrscht, gehorcht aus Liebe:
O dies zu gründen, eil' ich schnell hinweg!
Bald hebt es sich empor, bald flieg' ich her,
Entreiße dich den Gräueln hier, um dort
Als frommer Liebe sprechendes Symbol
Mit freudereichem Frühlingsglanz zu leuchten.

Maria.

Und soll es wirklich werden dieses Bild?
Kann wohl die Erde sich zum Himmel wandeln?

Balboa.

Der schwache Mensch erhält von oben Kraft.
Gott ruft die Bilder vor in unserm Geist,
Wenn er durch uns das Herrliche vollbringt. —
Auch auf den König laß uns kühn vertrauen.
Ich kenne Karlos Herz. Er will es nicht,
Daß man als Sklaven diese Menschen braucht;
Man soll sie nicht wie eine Heerde theilen;
Ein gleiches Recht mit uns soll sie erfreu'n.
Er haßt den Zwang, der sie zu Heuchlern macht; —
Ich, Balboa, ich hass' ihn auch! — Bei Gott!
Zum Henker kam ich nicht auf diese Welt;
Verkündet hab' ich's schon in Miguel.

Maria.

Mein Balboa, mein Alles, o mein Leben!
Dürft' ich entzückt nun zu den Unsern rufen:
O seht den Helden, der ein Mensch verblieb!

Balboa.

Ja, rühme mich! Wie gerne mag ich's dulden,
Denn unbewußt verkündest du dein Lob.
Ich bin ein neuer Mensch! Dein Werk bin ich!

Das ist mein höchster Stolz: ich bin dein Werk!
Einst brauste Kampf in meinem öden Herzen,
Nun waltet in der vollen Brust mir Friede.
So reich bin ich durch dich, o Gott! so reich!!
Und Andre sollten darben? — Nein, o nein!
Rings um mich her will ich das Glück verpflanzen.
Seit Liebe mir aus deiner Seele quillt,
Möcht' liebend ich die ganze Welt umfassen!

        (Maria, tief erschüttert, verhüllt sich.)

Sieh da, du weinst? Was quält dein zartes Herz?

Maria.

Du liebst die ganze Welt! — Doch haßt man dich!

Balboa (leicht).

Dem Hasse künd' ich Kampf, will kämpfen, kämpfen,
Bis ich dir ihn besiegt zu Füßen lege.

Maria.

Du scherzest, und mir schwillt das bange Herz!
Hier wogt es auf so ängstlich! — Balboa!

Balboa.

Maria! Nein, so sah ich dich noch nie.
Woher die Angst? Ich fürchte nichts, Geliebte.
Froh lebt mir Muth im lebensvollen Busen!

Maria.

Wenn er dich täuschte! —

Balboa.

          Nein und nimmermehr!
Denn er ist nicht auf losem Grund gebaut. —
Dir darf ich sagen, was mich hebt und stärkt;
Du wirst mich nicht verkennen. — Höre dann! —

Wenn Schlummer rings, was lebt, gefangen hält,
Das heil'ge Schweigen heil'gen Ernst erweckt,
Das Mondlicht Schauer gießet in mein Herz,
Die Sterne freundlich winken aus der Ferne:
Da scheint's mich oft zu fragen: »Balboa!
»Ist auch das Werk, was du beginnst, von Gott?«

Dann dring' ich ein in meines Herzens Tiefen,
Und scharf durchblick' ich jede seiner Krümmen,
Ob Golddurst, Herrschsucht, Ruhmbegierde,
Ob Gottesliebe, Menschenliebe, mir
Die Fahne reiche zu dem Heereszuge. —
Noch rief ich stets: Mein Werk, es ist von Gott!
Froh tönt das Echo nach: Von Gott! von Gott!
Gestärket kehr' ich zu dem Lager heim;
Süß ist mein Schlaf und heiter mein Erwachen!
Das schafft mir meinen Muth: Vertrau'n auf Gott!

(Maria sinket in seine Arme. Er fährt sanft fort.)

Du solltest mich auf meine Schiffe wünschen,
Sie führen mich zum neuen Leben ein,
Zur Ruhe. Hier, Geliebte, komm' ich nicht
Zur Ruhe, wo die wilde Grausamkeit
Rastlos die blutbefleckte Geissel schwingt.
Ich habe sie mit Seufzen nur geduldet,
Geduldet um der schönern Zukunft willen;
Doch klagte murrend mein Gewissen stets. —
Nein, länger würd' ich diese Wuth nicht dulden!
Ein Kampf entstünde! Laß mich flieh'n, Maria,
Um dort das langverschobene Gelübde
Der Menschlichkeit mit frohem Sinn' zu lösen.

Maria.

So ziehe hin, erfülle dein Gelübde. —
Wie sagtest du? ein Kampf entstünde? Weh!
Mit wem? — Mein Vater — ah!

Balboa.

Sey ruhig, ruhig!

Fünfter Auftritt.

Pedrarias. Eskimosa. Linares. Gefolge. Die Vorigen.

Pedrarias.

Euch sucht' ich, Vasco Nunez Balboa,
Mit dieser Edlen meiner Freunde Zahl,
Um euch zur Braut, wie's Sitte heischt, zu führen.
Doch habt ihr wohl auch diesesmal den Weg
Zu meiner Tochter ohne mich gefunden.

(Zu dem Gefolge.)

Kastilianer! Edle meiner Fahnen!
Es wünscht des Königs heil'ge Majestät,
Daß meine Tochter sich mit Balboa,
Adelantado seines Reichs, vermähle.
Weil, schreibt der König, er uns beide liebt,
Und innig uns vereinigt wissen möchte;
Mich, seinen Diener, dessen Treu' er kennt,
Und ihn, berühmt durch Heldenmuth und Thaten.
Sie liebten lange sich — erfuhr ich dann, —
Und ihre Herzen sind des Bundes einig.
Ich aber habe so bei mir gedacht:
Untadelich und alt ist sein Geschlecht,
Er selbst ein Mann, der seinen Adel ziert.
Denn Niemand ist, der diesen Balboa
Unritterlicher That, verletzter Treue,
Auch nur des schwächern Fehl's noch je bezeihte. —
Wie nun ihn jeder liebt, und hochverehrt; — —
Wird meines Königs Wunsch auch mir Befehl.

Eskimosa.

Der König lebe hoch!

Alle.

Er lebe! lebe!

Pedrarias.

(naht sich Marien, leiser.)

Maria! komm mein Kind! Mein einziges!
Ich will dich nochmals schließen an mein Herz,
Eh' du sodann... du bebst? und warum bebst du?
Ist dieser Bund nicht deines Herzens Wunsch?
Noch ist es Zeit! Nicht übereilt, Maria!
Wenn auch nur Ahnung deine Brust durchfliegt;
Verachte nicht die Warnung! Frei entscheide!
Ich nicht, du selbst entscheidest nun dein Schicksal.

Maria.

Aus Vaterhand erwart' ich nun mein Glück.

Pedrarias (kurz und finster).

Dein Glück? Aus meiner Hand? Was ist dein Glück?

Maria (schüchtern).

Wir lieben uns!

Pedrarias.

Wohlan!

(laut.)

Adelantado!
Nehmt sie! — Von meinem Herzen nehmt sie weg —
Nun ist sie euer —

Balboa.

Doch ihr kindlich Herz

Wird noch für euch an meinem Herzen schlagen.

(zu einem Bothen.)

Was bringt ihr?

Bothe.

Briefe von San Miguel.

Balboa.

Bis nach der Trauung.

Pedrarias.

Nein, les't sie sogleich!
Vor allem geh' euch stets des Königs Dienst.

(Balboa zieht sich zurück. Indessen spricht Pedrarias leise mit Maria.)

Maria!

Maria.

Vater!

Pedrarias.

Warum weinest du?

Maria.

Ihr scheint erzürnt.

Pedrarias.

Daß du den Vater nicht
Beschuldigst, wenn dich Unglück einst befällt!

Maria.

An seiner Seite wird es schönes Glück.

Pedrarias.

Die Trennung von dem Vater wird dir leicht; —
Das hab' ich nicht vermuthet.

Maria.

Sprecht nicht also! —
Denn dieses Herz bleibt ewig euch verbunden.

Balboa (tritt vor.)

Die wackre Mannschaft von San Miguel,
Sie harret sehnlich meiner Rückkunft schon.

Pedrarias.

Kein Wunder auch! Ihr seyd der Mann, geschaffen
Für große Plane Seelen zu begeistern.
Von Gold, von Perlen, aufgehäuften Schätzen,
Ihr spracht von neuen Meeren, neuen Welten. —
Behüte Gott, daß ich Kastiliens Krone
Um solchen Glanz noch einen Tag verkürzte!
So reis't mit Gott dann morgen schleunig ab;
Es ist auch alles schon hierzu bereitet.

Balboa.

Wie, morgen schon? Das ist doch wahrlich seltsam!

Pedrarias.

Mag's euch doch seltsam scheinen, nur gehorcht!

Balboa.

Don Pedrarias!

Maria.

Balboa! O Gott!

Pedrarias.

Was soll der Ton?

Balboa.

(sich zwingend.)

Wie ihr befehlt, geschieht's.

Pedrarias.

Noch bleib' ich euer Herr! Vergeßt das nicht!

Balboa.

Als meinen Vater sah ich euch vor mir.
So kam es dann, daß euer rauhes Wort
Mich leicht und flüchtig nur verwundet hat. —
An dieser Hoffnung weidet sich mein Herz:
Gelingen soll's dem treuen Kindessinne,
Sich endlich eure Liebe zu gewinnen. —
Auf diese Hoffnung gönnt mir eure Hand.

Pedrarias.

Sehr sonderbar! Bin ich denn euer Feind?
Laßt das! Zwar eure Worte kann ich nicht
So süß erwiedern. — Doch die Tochter schenk'
Ich euch, mein einz'ges vielgeliebtes Kind.
Was wollt ihr mehr? — Ihr seyd ja doch am Ziel! —
Der König wünscht dies Band — Auch wünschen's wohl
Bei Hof und hier, von euren Freunden viele;
— Und ich nun auch, des Königs Wunsch verehrend.
Komm, meine Tochter — gehet zum Altar!

Maria.

Ach, euren Segen, Vater!

Pedrarias.

Lebe wohl!

(leise.)

Was machst du da? Was weinest du? Ist's Reue? —
Sie kömmt zu spät.

(laut.)

Ihr, Perez Eskimosa,
Vertretet Vaterstelle! Führt sie hin!
Mir wird das Herz zu schwer.

Maria (abgehend).

Verstoßen! Gott!

Pedrarias.

(ruft ihr heftig nach.)

Maria!

Maria (freudig).

Vater!

Pedrarias.

(kämpft mit sich, dann hastig.)

Meinen Segen! — fort!

Sechster Auftritt.

Pedrarias.

Er hat mich übermannt, mein alter Haß;
Unbändig riß er los. Das war nicht gut. —
Und du, Maria, mußt als Opfer bluten? — —
Mag sie's doch büßen, ja! sie hat's verdient!
Was will Jeronimo? Verhaßt ist mir
Des Heuchlers Angesicht. Und diese Briefe — —
Fluch Balboa! Fluch dir für diese Briefe!

(lies't.)

»Wie ich euch, Lieber Treuer, schon geschrieben,
»Entlaßt nun Balboa zu seiner Reise,
»Euch hab' ich nöthig in Antigua,
»Und keinen Widerspruch erwart' ich mehr.«
Mög' ihn die Fluth verschlingen, den Verräther!
So endet sich mein schöner Lebensplan! —
Er eilt zum Ruhme fort! Ihn preißt der Hof;
Ich soll hier arm und namenlos verderben? —

Und dann der Schluß — Ich habe recht geseh'n!
»Was Liebes Ihr dem Balboa erzeigt,
»Ihr habt es euerm Karlos, mir erwiesen.
»Das mögt ihr wohl erwägen. —
                    Ich der König!«
Scheint's doch, er habe sich beschwert? Ja wohl!
Das ist zu viel! Geklaget also? Schon
Geklagt! — Gelungen ist es dem Verläumder!
Genügt's dir nicht an mir entriss'nem Lorbeer,
Ha, Räuber meines einz'gen Kindes, wie?
Streckst du die Hand schon aus nach meiner Würde?
Heran! heran! Ich bin gefaßt zum Kampf!

(Von fern Trompeten und Pauken. Freudengeschrei.)

Jetzt faßt der Räuber jubelnd seine Beute!
Das laß' ich zu? Hinweg!

O stille, stille!
Gemach doch, Pedrarias! — Ha! vielleicht!
Und was vielleicht? — Das weiß die Hölle! Doch —
Er oder ich! — hier brennt's! — Er — oder ich!

(sinkt kraftlos in einen Sitz.)

Der Vorhang fällt.

Zweiter Aufzug.

Zimmer des Pedrarias.

Erster Auftritt.

Pedrarias. Pinto.

Pedrarias (im Lesen.)

Von Balboa erhieltet ihr die Schrift?

Pinto.

Ja, gnäd'ger Herr!

Pedrarias.

Ihr lügt!

Pinto.

Ich spreche Wahrheit.

Pedrarias.

Und abgeschrieben habt ihr sie?

Pinto.

Ja, Herr!
Wir waren lange schon zur Abfahrt fertig,
Und harrten noch auf guten Wind vergebens.

Da hat er sie verfaßt. Da schrieb ich sie
Wohl hundertmal. — Denn jeder soll sie haben,
Wenn dann die neue Herrschaft einst beginnt,
Dort in den Ländern, die durch seinen Arm
Er sich erobern will.

Pedrarias.

Nicht sich, der Krone.

Pinto.

Vor seiner Herrschaft möget ihr uns schützen.

Pedrarias.

Doch rühmt das Volk an ihm die Milde laut.

Pinto.

Wozu die Milde, die nur Bettler macht?
Darum verließ ich nicht das Vaterland,
Bot nicht darum den Stürmen dieses Haupt;
Daß ich an Wunden reich, sonst arm wie vor,
Die leere Wohnung meiner Gattin grüße.
Reich oder todt! so lautet hier mein Wahlspruch.

Pedrarias.

Er ziemt auch Leuten eurer Abkunft wohl.
Was soll euch Ruhm? Euch kann er doch nicht heben.

Pinto.

Ich habe lang mit mir gekämpft, gerungen;
Denn wirklich dauert mich der gute Herr.
Doch morgen, heißt es, reiset er schon ab.
Da gilt kein Zögern. Besser doch, er leidet,
Als daß mein Lebensplan vernichtet wird.

So geb' ich ihn dann rasch in eure Hand. —
Welch Glück, daß Balboa sich mir vertraute!

     Pedrarias.

Der sich're Thor!

     Pinto.

  Nun haltet ihr ihn fest.
Aus diesen Zeilen drehet ihr ihm Bande,
Die seine Löwenkraft doch nicht zerreißt.

     Pedrarias.

Ergreift euch nicht ein Grauen vor dem Löwen?

     Pinto.

Ich fürchte nichts, da euer Schild mich schützt.

     Pedrarias.

Ihr träumt! Verräthern schenk' ich keinen Schutz.

     Pinto.

Wie, gnäd'ger Herr?

     Pedrarias.

    Er hob euch aus dem Staube,
Und dacht' euch höher noch emporzuheben.
Euch schwindelt vor dem Flug'. Ihr stürzt hinab.
Bleibt liegen! — Nein, den albernen Versuch,
Den dieser Schwärmer kühn mit euch gewagt,
Ich wiederhohl' ihn nicht — Deß seyd versichert.

     Pinto.

So wollt ihr mich belohnen?

Pedrarias.

Raset ihr?
Ich euch belohnen?

Pinto.

Solch ein großer Dienst!

Pedrarias.

Sprecht nun vom Eifer für den Staat,
Von eurer Pflicht. Die Sprache kenn' ich schon.

Pinto.

Dem Staate nicht, euch, Herr, hab' ich gedient!

Pedrarias.

Was wagt ihr da zu sagen?

Pinto.

Wahrheit! Wahrheit!
Ich sah den Grimm in euern Augen blitzen;
Ihr hasset ihn, wie ich.

Pedrarias.

Ich wüßte nicht,
Daß einen Pinto mein Vertrau'n beehrte.
Dem Pedrarias schaut kein Mensch in's Herz;
Denn in dem Busen hält er's fest verwahrt.
Für die Vermessenheit, mit Späherblick
Mein inn'res Wesen listig zu belauern;
Mir nach der Ahnung einer niedern Seele,
Gedanken, Wünsche, Plane anzudichten;

Sollst du Verwegener mir heulend büßen.

Pinto.

Ich Unglückseliger — Höret!

Pedrarias (ruft.)

Wache! Wache!

(Wache erscheint.)

Man legt ihm Ketten an, bewacht ihn wohl. —
Ruft mir Jeronimo.

Pinto (im Abgehen.)

Ha, dies mein Lohn!

Zweiter Auftritt.

Pedrarias.

Bist du nun endlich doch enthüllt, Verräther?
Hast du dich selbst gestürzt? — O schönes Blatt!
Mir werther als die Schätze ganzer Welten — —
Doch stille — kann's mir nützen? — Darf ich handeln? —
Verwünschtes Loos, hier halt' ich sein Verdammniß,
Und rufe knirschend: Nein, mir frommt das nicht!

Sie haben meinen Haß mir abgelauert! —
Schon seh' ich alles, wie es kommen würde.
Wenn die Gerechtigkeit ihn auch verdammte,
Doch stürzt er nicht von seines Glanzes Höhen. —
Laut brüllt des Pöbels ausgelass'ne Wuth:
»Der Eifersucht, dem Neide fiel er hin,
»Der fromme Held, mit sanfter Engelsmiene!« —
Ihn hebt der Ruf allmächtig zu den Wolken,

Mich schleudert er dem Fluch der Nachwelt zu.

Ha, wie? Das könnte Pedrarias kümmern? —
Was dumm der Pöbel schwatzt, das mich erschüttern? —
Ich müßte mich verachten — Vorwärts! muthig!
Genug, er ist Verbrecher! Ja! er ist's! —
Jetzt kann ich sie mit starker Hand zerdrücken,
Wegschleudern dann mit wildem Hohngelächter,
Die Schlange, die an meinem Leben zehrt! —
Die Kraft belohnt sich selbst. Nur Schwäche bettelt
Um Beifall. Selbst genügen will ich mir!

Dritter Auftritt.

Jeronimo. Pedrarias.

Pedrarias.

Seyd ihr's, Jeronimo? Kaum angelangt,
Kommt euch die Arbeit lästig schon entgegen.

Jeronimo.

Ihr wißt wohl, gnäd'ger Herr — ich habe stets
Zu solcher Last mich willig angeboten.

Pedrarias.

Doch bleibt's ein schweres Amt, ein undankbares,
Das Laster zu entlarven, zu bestrafen.

Jeronimo.

Oft glückt es mir, die Unschuld zu enthüllen;
Wie preis' ich dann ein Amt, das selbst sich lohnt.

Pedrarias.

Ihr seht die Menschheit nur in ihrer Schwärze.

Jeronimo.

Ich sehe das Verbrechen mit den Gründen,
Und so die Menschheit nur in ihrer Schwäche;
Mein Herz wünscht Gnade, wenn mein Mund verdammt.

Pedrarias.

Zum Richter seyd ihr viel zu weich geschaffen.

Jeronimo.

Vergebt mir, gnäd'ger Herr! So denk' ich nicht.
Es urtheilt das Gesetz, und nicht mein Herz,
Und leidet dieses, bleibt es dennoch stumm.

Pedrarias.

So kenn' ich euch! Ihr seyd ein fester Mann,
Mein Mann. Das strenge Recht, nicht mehr,
Nicht minder, das sey jedes Richters Ausspruch.
Verbleibt dabei! Das Richteramt will Strenge.

Jeronimo.

Und euch erfreut der Gnade himmlisch Recht.

Pedrarias.

Was mahnt ihr mich an Gnade? — wie? ihr wißt? —

Jeronimo.

An Gnade mahnt der Mensch den Himmel selbst;
So darf ich wohl auch euch an Gnade mahnen.
Was nun ihr heischt, erwart' ich erst zu wissen.

Pedrarias.

Ihm soll die Gnade nicht erbarmend leuchten,
Ihn soll der Strafe Blitz zerschmetternd treffen!

Jeronimo.

Wen, Herr?

Pedrarias.

Wen, fragt ihr? — — Den Verläumder Pinto.

Jeronimo.

Herr, für Verläumder hab' ich nie gefleht.

Pedrarias.

Denkt nur, Jeronimo, der Pinto wagt's,
Klagt Balboa des Hochverrathes an!

Jeronimo.

Dann mag die Tugend von der Erde fliehen,
Wenn der Verläumdung schwarzes Nattergift
Auch diesen engelreinen Mann befleckt!

Pedrarias.

Hier les't! — Habt ihr gelesen? — Staunt ihr schon! —
Ja, was ihn Pinto alles sagen läßt,
Den tugendhaften, engelreinen Mann! —
Frei soll der Wilde leben, frei wie wir! —
Ihr seht, er drang in unsers Schwärmers Geist. —
Mit Weisheit hat des Königs Majestät
Die Theilungen der Wilden angeordnet,
Daß sie mit uns im Leben hier vereint,
Mit uns im Tod' ein gleiches Loos erwerben.
Das will er nicht, der freche Balboa!
Tyrannisch nennt er das Gesetz! — Da seht!

Ihm gilt des Königs Wille, was der meine,
Nichts gilt er ihm! Er folgt der Herzenslust.
Herr will er seyn, und herrschen unumschränkt.
Wie nennt ihr das? Ich nenn' es Hochverrath! —
Ja, solchen Gräuels klagt ihn Pinto an. —
Das fordert Rache, Strafe! — Meint ihr nicht?

Jeronimo.

Der Buchstab' tödtet, und der Geist belebt.

Pedrarias.

Im Schlusse glüht das Gift. Da zischt die Schlange.

(liest.)

»Hiermit wird jede Satzung aufgehoben,
Die dieser meiner Vorschrift widerspricht;
Und weil es mir geziemt, nach Pflicht zu forschen,
Ob das, was uns als königlicher Wille
Gesendet wird, auch höchster Wille sey:
Wird jede Satzung außer Kraft erklärt,
Die euch nicht kund durch meine Briefe wird.«
Hat der Verläumder das nicht wohl ersonnen?

Jeronimo.

Man muß ihn hören.

Pedrarias (heftig).

Strafen!

Jeronimo.

Ungehört?

Pedrarias (noch heftiger).

Man muß ihn strafen!

Jeronimo.

Ihr seyd fürchterlich!

Pedrarias (faßt sich).

Geht schnell an's Werk! Verhöret diesen Pinto.
Hier walte keine Gnade, strenges Recht.
Wo Pedrarias herrscht, soll sich Verläumdung
Lichtscheu zurück in ihre Höhle flüchten.
Verhört ihn öffentlich, nach aller Form!
Nun Gott befohlen! Denkt an eure Pflicht!

Jeronimo.

Herr! wenn ich Pinto vor die Schranken rufe,
So zieht er Balboa mit vor Gericht.
Ich habe Gründe, diesen Schritt zu fürchten.
Viel besser, daß im traulichen Gespräch
Ihr euch Erklärung von dem Helden fordert;
Euch wird von ihm dann manches Wort genügen,
Das nicht des Richters strengen Ernst versöhnt.

Pedrarias.

Wie? haltet ihr ihn schuldig? — Schämt euch, Alter!
Habt ihr auf euern engelreinen Mann
Die feste Zuversicht so schnell verloren?

Jeronimo.

Ich denke dort, dort wird sie sich bewähren.

Pedrarias.

Ihr zweifelt? Seht das Blatt bedenklich an?
Kennt ihr die Schrift?

Jeronimo (lebhaft).

Wozu noch seine Schrift?
Hier spricht sein Herz sich aus!

Pedrarias (rasch).

Ihr seyd sein Freund.

Jeronimo.

Der bin ich.

Pedrarias.

Dann ... liegt ja die Sache gut.

Jeronimo.

Sey's Freund, sey's Feind, der vor dem Richter steht:
Ihm wird sein strenges Recht. — So kennt ihr mich,
So habt ihr mich in Spanien befunden.
Ich denke, daß des Staates Riesenbau
Nur durch die Klammern des Gesetzes hält;
Daß ohne sie der Mensch zur Thierheit sänke.
An dem Gedanken haftet meine Seele,
Und horchet nie dem Aufruhr meiner Brust.

Pedrarias.

Ist eines Richters Ausspruch nur gerecht,
So darf sich nie sein festes Herz empören.

Jeronimo.

Doch leider dient das heilige Gesetz
Der schlauen Eigenmacht oft nur zum Netze!
Als Wächter wird der Richter hingestellt;
Muß über jeden, der unglücklich dann

In seinen Fäden endlos sich verstrickt,
Das Netz zusammenziehn; — gleichviel, ob Schuld,
Ob Übermacht, die Beut' ihm zugeführt! —
Der Richter seufzt — die Boßheit triumphirt!

    Pedrarias.

Und das erfuhr Jeronimo an mir?

    Jeronimo.

Euch hab' ich streng, doch stets gerecht befunden,
Und laß' euch Gott mit dem Bewußtseyn sterben,
Daß ihr vom rechten Pfade nie gewichen. —
Ihr seyd erschüttert? Herr! prüft euch genau!
Oft regt im Innern lüstern sich ein Trieb;
Wir horchen ihm, doch faßten wir den Muth,
Ihm schnell in's düstre Angesicht zu leuchten:
Erschrocken würden wir ein Scheusal sehn,
Und unser Ohr dem Höllenrufe schließen. —
Wohl auch der Beste wankt. — Doch göttlich ist's,
Aus innerm Kampf' als Sieger vorzuschreiten!

    Pedrarias.

Schweigt, Alter! Ich versteh' euch nicht! Und kurz:
Was ich befahl, das thut! Verhöret Pinto!

    Jeronimo.

Und Balboa?

    Pedrarias (zornig).

Nicht ihn, ich sprach von Pinto!

    Jeronimo.

Und bleibt er dann auf dem, was er gesagt?

Pedrarias.

Verstrickt nicht jeder Lügner sich von selbst?

Jeronimo.

Nicht, wenn er klug bei der Behauptung weilt. —
Ihn überführen kann nur Balboa.

Pedrarias.

Das wird er auch! Ein Blick der hohen Unschuld
Reißt schnell die Larve dem Verläumder ab.

Jeronimo.

Ihr denket anders. Ja, bei Gott! ich seh's!
Ihr denket anders. Mir entgeht ihr nicht.
Ein wildes Feuer sprüht aus euern Augen,
Voll Unmuths ballt ihr eure Faust zusammen,
Wie eure Lippen zucken! — Gnäd'ger Herr!
Geht nicht so unstät — Weichet mir nicht aus!
Nein, haltet Stand! Entflieht dem Freunde nicht! —
Einst könnt ihr Gott doch nimmermehr entflieh'n.

Pedrarias.

Spart für Verbrechen eure kleinen Künste!

Jeronimo.

Beim Wohl des Vaterlandes, das ihr liebt!
Entzieht der Krone einen Helden nicht,
In dem nun ihre schönste Hoffnung blüht.

Pedrarias.

Genug! genug! gehorcht! sogleich! ich will's!

Jeronimo.

Fall' hin, o Held! Dich stößt die Welt von sich!

Pedrarias.

So deutlich schon erblickt ihr sein Verbrechen?

Jeronimo.

Wie ihr, so halt' auch ich die Schrift für seine. —
Mußt' ich so lange leben, um den Tod
Auf dieses große Menschenhaupt zu rufen?

Pedrarias.

Ihr ras't!

Jeronimo.

Auf Hochverrath ist Tod gesetzt,
Wär' auch hierzu der Wille nur erwiesen;
Und also nennt ihr seine Schuld ja selbst.

Pedrarias.

Und wenn die Welt aus ihren Angeln fiele,
Was Rechtens ist, das thut! Nur fort, gehorcht!

Jeronimo.

Wohlan! Ich trage keine Schuld, wenn einst
Sein Blut euch rächend auf die Seele fällt!

(will ab. Maria tritt auf mit einer Guitarre. Er kehrt zurück, faßt Pedrarias bei der Hand.)

Und auch, wenn diese stirbt?

Pedrarias.

Und auch! —

(ihm stockt die Sprache, er wirft sich in einen Sitz, und verhüllt mit der einen Hand sein Gesicht.)

O Gott!

Vierter Auftritt.

Maria. Pedrarias.

Maria.

(setzt sich neben ihren Vater, faßt seine freie Hand und küßt sie.)

Erlaubniß, Vater!

(nach einem kurzen Vorspiele singt sie folgendes Lied zur Guitarre.)

> Oft hob sich dieses Herz,
> Und wollte sich dir zeigen;
> Doch wieder sich zu neigen,
> Gebot ihm banger Schmerz.
> Und mit — und mit — in's Grab,
> Sank mein Vertrau'n hinab!
>
> Der Jugend heitre Lust
> War mir so bald entschwunden!
> Nun fühlt' ich ja gebunden
> Mein Herz in wunder Brust.
> Und tiefer noch in's Grab
> Sank mein Vertrau'n hinab.
>
> In's tief verwahrte Herz
> Ist doch dein Blick gedrungen;
> O dank sey dir gesungen;
> Du heiltest meinen Schmerz!
> Nie sinket mehr in's Grab

Mir das Vertrau'n hinab!

Bei meiner Mutter theurem Angedenken,
Verzeihung, Vater!

　　　Pedrarias (springt auf.)

　　　Höre mich, Maria!
Sehr glücklich kommst du. Recht zur guten Zeit.
Nun steh' ich fest. Nun kann mich nichts erschüttern.
Fühlst du dich schuldig; ha, so bist du's auch!
Kein Mitleid! Sahst du meines Zornes Gluth,
Und stürztest kühn dich in die wilde Flamme;
So dulde nun die selbstgeschaff'ne Qual!

　　　Maria.

Wohl zürnet ihr mit Recht. Ich fühl' es tief.
Kaum war der Trauung Feier nun geendet —
Es war ein Augenblick — da drang die Schuld
Mir vor das Auge, Reue mir in's Herz.

　　　Pedrarias.

Erst nach der Trauung? — Und warum so spät?
Dann klag' es Gott, der deinen Sinn verschloß!
Nichts ließ dein Herz dir ahnen? — Ha, Maria! —
Doch nein! — Du heuchelst, denkst mich zu betrügen.

　　　Maria.

Ihr nennt ein Wort, das Abscheu mir erregt. —
Betrügen? — euch? — vor dem voll Ehrfurcht stets
Mein kindlich Herz im Innersten gebebt.

　　　Pedrarias.

Zu beben ziemt dir!

Maria.

Ehmals wohl, mein Vater!
Da bargt ihr eure Liebe hinter Wolken,
Und ich gewahrte nur des Vaters Ernst;
Der fesselte mir das Vertrau'n im Busen.
Viel hab' ich da gelitten. Schüchtern barg
Mein Kindessinn sich in des Herzens Tiefen,
Und wagte nicht, sich fröhlich aufzuschwingen. —
Das war nicht recht! Ich fühl's! Nicht kindlich war's!
Verzeihung! Anders soll es werden, anders!
So düster auch sich euer Blick verfinstert:
Nun kenn' ich euer Herz und eure Liebe.

Pedrarias (halb für sich.)

Du armes Kind, was nützt dir meine Liebe?

Maria.

Ihr ließt mich einsam zu der Trauung geh'n. —
Das hat mich sehr geschmerzt. — Von euch getrennt
Erschien ich mir verwais't. — Ich wankte fort;
Ich dacht' an euch vor des Altares Stufen,
Nicht an der ernsten Feier heil'gen Sinn;
Und stand betäubt in dumpfer Trauer da. —
Doch als mich Balboa nun Gattin grüßte,
Mich wonnetrunken in die Arme schloß,
Ein Jubelchor uns Selige umfing,
Ich mich am Ziele fand, am Lebensziele:
Da zuckte schnell ein Strahl durch meinen Geist!
Durch euch, mein Vater, bin ich nun so glücklich!
Ich fühl' es nun: — ihr liebet mich, mein Vater!

Pedrarias (halb für sich.)

Ach, weißt du, was du rühmst, Unglückliche?

Maria.

Und wenn ich sinnend alles überdenke,
Wie ihr zuerst den Balboa — nicht liebtet;
Doch duldend bald ihm nah' und näher kamt;
Zuletzt unaufgefordert, ungebeten
Den Bund beschlosset, der uns glücklich macht:
Da kann ich nicht der Meinung widerstehn,
Ihr hättet mir in's tiefste Herz geschaut;
Und weil ihr saht, daß ohne Balboa
Es bald in Sehnsucht sich verzehren würde,
Euch dieses schwachen Herzens mild erbarmt. —
So jauchze dann, mein langgequältes Herz!
In Kampf mit Feindschaft trat die Vaterliebe,
Und reichte mir des schönen Sieges Kranz!

Pedrarias.

(erschüttert, vor sich.)

In Kampf mit Feindschaft trat die Vaterliebe? —

Maria.

O laßt euch nicht des schönen Sieg's gereuen!
Ihr schenket mir zum zweitenmal das Leben, —
Ich kann nicht leben ohne Balboa.

Pedrarias (ausbrechend.)

Das dein Verbrechen!

Maria.

Wie, mein Vater? —

Pedrarias.

Gewissen! du bist stumm! Die Tochter wagt's,
Und liebt den Mann, der ihren Vater haßt.

Maria (erschrocken).

Er, Vater? er euch hassen? O mein Gott!
Wer wagte die Verläumdung? Balboa
Euch hassen? — Glaubt der Lästerzunge nicht,
Mir glaubt, der Tochter, ich, ich kenn' ihn, Vater!
Ach, war't ihr darum finster und entrüstet?
Den sollt' ich lieben, der euch haßt? O nein!
Das denkt mein Vater nicht von mir. — Seht her!
Ich kann euch kühn in eure Augen blicken!
Soll ich noch Gott zu meinem Zeugen rufen?
O glaubt der Tochter! Nein! er haßt euch nicht.

Pedrarias.

Unschuldig wär'st du? — Sieh mich an! Bei Gott!
Fast muß ich's glauben! Armes, armes Kind!
Du deiner Mutter Ebenbild! Fürwahr!
Noch blieb dein Herz von seinem Gifte rein;
Maria! küsse mich! — Zurück! hinweg!
O wehe mir, wenn du unschuldig bist!

Maria.

Warum mir abermal entfliehn, mein Vater?
Ward jemals falsch mein Wort von euch befunden?
So ist's auch wahr, was ich nunmehr betheure. —
Wie oft hat Balboa mit mir getrauert,
Daß ihm der Weg zum engeren Vertrau'n
Mit euch verschlossen bleibe! — Guter Vater!
Ach, hättet ihr ihn dann gehört! Er klagte,
Daß böser Zwischenträger Höllenkunst
Des Argwohns Gift in eure Seele blase.
Wie schonend hob er alle Schuld von euch!
Der Tag ist nicht so klar, als sein Gemüth;
Kein Haß kann diesen reinen Spiegel trüben. —
O wehe mir, wenn unser Ehebund
Nicht eure Herzen mir vereinigen hilft.
Zerrissen zwischen euch und Balboa,

Wird bald mein Herz, es wird sich bald verbluten.

Pedrarias.

Du kannst nicht leben ohne Balboa?
Ja, dieses Wort enthält für mich die Hölle!

Maria.

Gott! Gott!! Wie soll ich das versteh'n? Mich schaudert's!

Pedrarias.

Sey ruhig, Kind! Mag er mich immer hassen!
Sollt' ich's an dir vergelten? — Ruhig, Kind!
In Kampf mit Feindschaft trat die Vaterliebe!
Und hat gesiegt! — Du bist mir alles, du!
Mehr als der Ruhm, mehr als die Rache selbst! —
Gott war mit dir! Nur eine Stunde später,
Und alles — Still! Welch ein Getümmel!

(erblickt Balboa, und fährt zurück.)

Ha!

Fünfter Auftritt.

Die Vorigen. Balboa. Linares. Gefolge.

Balboa.

Mich, gnäd'ger Herr, und diese meine Edlen
Führt nun der Dienst zu euch. — Gönnt mir Gehör!

Pedrarias.

So feierlich und zahlreich? — Nun, laßt hören!

Balboa (zu Marien).

Gefällt es dir, uns nur auf kurze Zeit
Mit deinem Vater hier allein zu lassen?

Maria.

Was willst du, Balboa? Mir ahndet Böses!

Pedrarias.

Ist's kein Geheimniß, das euch zu mir führt,
So laßt sie hier. — Viel besser ist's — sie bleibt!
Das glaubt mir, Balboa. — Entscheidend drängt
Der Augenblick. Ich will sie vor mir seh'n.
Wenn je dies Bild verlösche — dann — doch sprecht!

Balboa.

Ihr habet Pinto schnell verhaften lassen.

Pedrarias.

Und das mit Recht. — So denk' ich wenigstens!
Auch laß ich ihn nicht frei. — Begehrt ihn nicht.

Balboa.

Mein Hauptmann ist er, mich nur geht er an!
Ja, wenn ihr auch als Unser Aller Herr
Ihn zu verhaften Vollmacht habt und Recht:
So hätte doch der Schritt mit meinem Wissen,
Vergebt mir, Herr, durch mich geschehen sollen.
Nach Wortlaut meines königlichen Brief's
Hat meine Mannschaft keinen Herrn, als mich.
Ein jeder Edle meiner Fahnen fühlt
Sich nun in mir zurückgesetzt, beschimpft;
Und hab' ich gleich der Wallung meines Blut's,
Vor euch zu schweigen lange schon gelehrt;

Was jene kränkt, muß ich zur Sprache bringen,
Auch wider Willen, nach des Feldherrn Pflicht.

Pedrarias.

(leise zu Marien.)

Was sagst du nun, Maria? Hör ihn doch!
Wie trotzig! — Sieh! ihm fällt die Larve weg.

Balboa.

(gelassen und sanft.)

Ich weiß wohl, gnäd'ger Herr, was ihr auch thut,
Besonnen thut ihr's: Selbst zu diesem Schritte
Hat eure Weisheit mancher tiefe Grund
Gewiß vermocht. — Gefallen mög' es euch,
Uns einen nur aus allen anzuzeigen,
Daß wir beruhigt euch verlassen mögen.

Pedrarias.

Euch kümmert dieser Pinto sehr! — Warum? —
Ihr fühlt zur Unzeit euch beleidigt. —
Vertraut mir, Balboa, und forscht nicht weiter. —

Balboa.

Nicht Mangel an Vertrauen schreibt mir zu.

Pedrarias.

Was ich gethan, das hatte vollen Grund;
Auch weiß ich wohl, warum ich jetzt noch schweige. —
Adelantado! — glauben sollt' ich doch,
Daß euch des Pedrarias Wort genüge! —

Balboa.

Ich stehe ja nicht hier in meiner Sache.

Linares (heftig).

In Uns'rer Aller! — Ja, die ganze Schar,
Sie wird, wenn auch der edle Feldherr schwiege,
Einst seine Sache vor dem König führen.

Balboa (zu Linares).

Wer hat euch hier zum Redner aufgestellt?

Pedrarias (erzürnt).

Wie all' den Euern fehlt's auch ihm an Mannszucht.

Balboa (rasch).

Ich ford're streng was Ordnung heischt, und Pflicht!

(faßt sich wieder.)

— Noch Einmal, gnäd'ger Herr, gebt uns Bescheid!

Pedrarias.

Erzürnt mich nicht!

Maria.

O Gott!

Balboa (kalt und fest).

Gebt uns Bescheid;
Wo nicht, so laßt uns Pinto wieder frei!

Pedrarias (entrüstet).

Verhaftet bleibt er, und nach jenem Recht,
Nach dem ich euch, euch übermüth'gen Mann,
Nun auch verhaften könnte!

Balboa.

Ha, zu viel!

Pedrarias.

Euch ziemt's zu schweigen, euch, dem Hochverräther!

Alle.

Verläumdung!

Maria.

O!

Balboa.

Ein Hochverräther? — ich!
Wer wagt's, mich deß zu zeihen? — Unerhört!
Nennt mir die That! Führt mir den Kläger vor! —
Ich stehe vor euch unerschüttert da!

Pedrarias.

So stand schon mancher, dessen Kopf doch fiel.

Linares (zu dem Gefolge).

Sein Leben in Gefahr! Zum Schutze, Brüder!

(Alle umdrängen Balboa.)

Balboa (treibt sie zurück).

Zurück! Zurück! Hat Wahnsinn euch ergriffen,
Daß ihr die Majestät in Pedrarias
Durch frechen Trotz verletzt? — Verehrt in ihm
Den König! — Auseinander! schnell! sogleich!

(zu Pedrarias.)

Ihr möget nicht nach voller Strenge ahnden,
Was überraschet das Gefühl verbrach.

Pedrarias.

So zahm auf einmal, stolzer Balboa?

Balboa.

Mir ist des Königs Stellvertreter heilig! —
Als diesem leg' ich euch mein Schwert zu Füßen,
Und auch den Schmuck, der manche Wunde deckt.
Was mir mein König nicht versagen würde,
Das fordr' ich nun, mein gnäd'ger Herr, von euch,
Ein schnelles strenges offnes Kriegesrecht.

Pedrarias.

Tollkühner Balboa! bedenkt euch wohl!
Des Hochverrathes Strafe heißet Tod!

Maria.

Barmherzigkeit!

Pedrarias.

Seht her! Um dieser willen
Wollt' ich vermeiden, was ihr frevelnd sucht.
Nein, fordert kein Gericht!

Maria.

Du tödtest mich!

Balboa (außer sich).

Unschuldig bin ich bei dem großen Gott,

Dem König treu, kein unverdienter Mann!
Und ford're nochmals strenges Kriegesrecht.

Pedrarias.

So sey es dann! Ich kann es nicht verweigern.

Balboa.

Viel lieber Tod, als meinem Nachruhm Schande! —
Zeigt gütig nun mir mein Gefängniß an.

Pedrarias.

Nicht also, Balboa. — Ich weiß den Zorn
Zu zähmen. Wäret ihr mein schlimmster Todfeind,
Ihr solltet mich gerecht und billig finden. —
Das Schwert, von euch so lang mit Ruhm geführt,
Für euern König, für das Vaterland,
Soll nicht das unbewies'ne leere Wort,
Darf nur des Richters Urtheil euch entreißen.
So nehmt es nun von meiner Hand zurück. —
Auch dieses Zeichen königlicher Huld,
Es strahle heiter fort an eurer Brust:
Verschwinden macht es nur die offne Schuld;
In eurer Wohnung werdet ihr bewacht;
Dort harret still, gelassen des Gerichts.
Bereitet euch in meiner Gegenwart,
Vor der gesammten hohen Audienz,
Dem Richter dann mit festem Sinn zu stehen.

Balboa.

Für diese Schonung danket euch mein Herz.

(will ab.)

Maria (ihm nacheilend).

Halt ein, so ruhig scheidest du von mir?

Balboa.

So kannst auch du an meiner Unschuld zweifeln?
Geliebte, ruhig! Ja, wir seh'n uns bald,
Bald, Theure! Diesen Kuß zum Pfand.

(reißt sich los und stürzt ab.)
Maria.
(stürzt sich zu ihres Vaters Füßen, und umfaßt seine Knie.)
Hilf, Vater!
Der Vorhang fällt.

Dritter Aufzug.

Gerichts-Saal. Seitwärts der Thron. Gegenüber eine Thür. Den Hintergrund bilden chorähnliche Hallen, und unter denselben der Haupteingang. In der Mitte steht ein Tisch für die Richter bereitet.

Erster Auftritt.

Linares. Almes. Suligo.

Linares.

Hier sind wir endlich doch allein. Sprecht leise!
Da tretet her, daß uns der Thron verberge. —
Wer hat die Wache?

Suligo.

Perez Gonsalo. —

Almes.

Wohl gut, denn seine schlechte Seel' ist käuflich;
Für hundert feine Pesos ist er unser.

Linares.

Almes, du holst sogleich das Geld bei mir.

Almes.

Ihr kommt zu spät. Er zählet schon den Götzen,
Und prüft ihn wägend in der falschen Hand.

Als ich das Geld erst los war, nun bei Gott!
Mir war's als fiel' ein Stein von meinem Herzen.
Kein Kapital verzins't sich mir so schön.

Suligo.

Ich habe hier und da ein Wort gesprochen.
Es faßte Zunder. Pedrarias hat
Längst all' der Seinen Haß auf sich geladen.
Will Balboa, so hat sein Reich ein Ende.

Almes.

Wann soll es brechen? Sprecht! — Die Unsern werden
Sich auf die Galerie bewaffnet drängen.
Wir wären stark genug, um vor Gericht
Statt Balboa den Stolzen vorzurufen.

Linares.

Erst muß die Tyranney ihr Haupt enthüllen,
Zum Mörderschlag den frechen Arm erheben,
Eh' wir zum off'nen Kampf die Fahne schwingen.
Dann erst erscheinet unsre That gerecht,
Vor aller Welt, und vor des Königs Augen.
Was über ihn nun auch gesprochen werde;
Bleibt stille, ruhig, noch ist's nicht zur Zeit.

Suligo.

Wir fügen uns.

Linares.

    Zerstreut euch einzeln.
Sprecht euch geheim, vertraulich, nichts in's Ohr.
Die Späher lauschen. Nur die Klugheit siegt.

(gehen auf verschiedenen Wegen ab.)

Zweiter Auftritt.

Maria tritt eilig auf. Medina folgt ihr nach.

Maria.

Laß mich, Medina!

Medina.

Donna, kehrt zurück.

Maria.

(bleibt an dem Tische stehen.)

Hier hält sich das Gericht. Entsetzlich! Schaut!
Das Tuch ist blutig, wie der Richter Sinn.
Schaut her!

Medina.

Ach, fliehet diesen Schreckensort.

Maria.

Ich seh' sie überall. Ihr nicht, Medina?
Hohläugig, finster, schwarz! —

(sieht auf zum Throne.)

      Dort auf der Höhe!
O großer Gott! Ha, stille! Weh! mir däucht,
Ich höre meinen Vater. Ist er's nicht?

Medina.

Ihr tödtet euch. O kommt.

Maria.

Und wenn ich denke,
Daß einst auch sie gerichtet werden. Schrecklich!
Wenn dann sein Blut — — Mein Vater! Gute Seele!
Für meinen Vater bete! — Sieh, mich würgt
Die Angst! O bete du! Ich müßte schreien!

Medina.

Bezwinget euch! Wenn Balboa euch hörte;
Nicht seine Richter, ihr nur würdet ihm
Sein fühlend Herz mit euerm Weh durchschneiden.

Maria.

Es brauste lang in diesem armen Herzen,
Nun strömt es über.

Medina.

Folget mir, Maria.

Maria.

O führet mich hinauf. Die Pfeiler dort
Verhüllen uns.

Medina.

Unseliger Gedanke!

Maria.

Kein Ton, kein Laut soll meinem Mund' entschlüpfen. —
Versteinen will ich! Kennt mich erst, Medina!
Hier lernt' ich viel! Das Beispiel weckt die Helden.
Ich bin nicht schwächer als die Wilden sind.
Ach, unter Geisselhieben, Höllenqualen,

Sie schweigen noch, wenn ihre Seel' entflieht!

Medina.

Nicht euch, nicht ihm kann euer Hierseyn frommen.

Maria.

Er bat, es sey ein offenes Gericht!
Und ich, sein Weib, ich sollte fehlen? — Nein!

Medina.

Ihr unterliegt —

Maria.

    Der Angst zu Hause. — Schont!
Soll ich nicht Zeuge seines Sieges seyn? —
»Unschuldig ist er bei dem großen Gott,
Dem König treu, ein hochverdienter Mann!«
Ihm ruft mein Herz Triumph, und eures auch.

Medina.

Doch, wenn des Richters Ausspruch ihn verdammte?

Maria.

Zieh mich zur Tiefe grausam nicht hinab! —
O falsch und trügend ist das Wort der Welt,
Und ihm zu horchen hab' ich längst verlernt.
Gehoben werden wir uns mächtig fühlen,
Wenn er begeistert Flammenworte spricht.
Sie werden seinen hohen Sinn nicht fassen. —
Doch neigt der Himmel liebend sich hernieder,
Und Engel reichen kühlend ihm die Palme! —
Die letzte schöne Lebensstunde naht;
Die dann noch folgen, rauschen furchtbar nach.

O gönne mir die letzte gute Stunde!
Wenn du mich liebst, so kannst du's nicht versagen.

Medina.

Gott stärk' euch, daß ihr diesen Anblick tragt!
Seht hin! Die Hallen füllen sich. Man naht!

Maria.

Die Hand! ich sinke! Muth! Mein Geist ist muthig!

(ab mit Medina.)

Dritter Auftritt.

Pedrarias. Jeronimo. Richter. Volk in den Hallen. Wache.

(Pedrarias steigt auf den Thron. Die Richter stellen sich an ihre Plätze.)

Jeronimo.

(stehend und mit entblößtem Haupte.)

Wir die gesammte hohe Audienz,
Auf den Befehl der heil'gen Majestät
Bestellt zum Richteramt in diesen Landen;
Wir haben uns versammelt, Recht zu sprechen
Nun über Vasko Nunez Balboa,
Adelantado unsrer hohen Krone,
Den man des Hochverrathes schwer bezeiht. —
Es ist Gericht auf Leben oder Tod! —
Ist euer Herz nun frei von Menschenfurcht,
Und schweigen euch im Busen Lieb' und Haß,
Und fesselt euer Auge keine Rücksicht,
Daß ihr gerechtes Urtheil sprechen mögt:
Dann legt betheuernd eure Hand auf's Herz,

Und denkt an Gott, und an die Ewigkeit!

Pedrarias.

(nach einer Pause.)

Bedeckt euch!

Jeronimo.

Laßt uns nun mit Gott beginnen!

(Die Richter setzen und bedecken sich.)

Man führe den Beklagten vor Gericht!

(Wache ab.)

Vierter Auftritt.

Die Vorigen. Balboa.

Volk.

Dort kommt er! Seht wie groß! O Gott! Nur stille!

(Balboa legt Degen und Ordenskette schweigend auf den Tisch, und setzt sich mit unbedecktem Haupte auf den ihm bereiteten Sitz.)

Jeronimo.

Erkennet, Vasko Nunez Balboa,
Adelantado unsrer heil'gen Krone,
Uns die gesammte hohe Audienz,
Als ein Gericht mit königlicher Vollmacht,
Nach dem Gesetz ihm strenges Recht zu sprechen?

Balboa.

Ich ehre das Gericht, und seine Glieder.

                    Jeronimo.

Es ist Gericht auf Leben oder Tod!
Erschreckt nicht, Balboa, und sammelt euch,
Besonnen uns zu hören und zu sprechen! —

                    Balboa.

Nie kannt' ich Todesfurcht. Auch heute nicht! —
— Vor allem sey die Frage mir vergönnt:
Wer ist mein Kläger?

                    Jeronimo.

          Euer Hauptmann Pinto.

                    Balboa.

Ha, durch Gewalt! —

                    Jeronimo.

          Aus eignem freien Antrieb.

                    Balboa.

O Menschen! Menschen!

                    Jeronimo.

               Sprecht! Ist diese Schrift,
Wie Pinto es bezeugt, von eurer Hand?

                    Balboa.
                 (zornig und fest.)

Von meiner Hand, und auch von mir verfaßt.

Jeronimo.

Sprecht ruhig. — Ruhe heischet eure Lage.
Auch übereilt ist doch ein Wort gesprochen.
Habt ihr die Schrift bloß als Entwurf verfaßt,
Als flüchtige Gedanken; — oder war's
Euch voller Ernst, wie Pinto fest betheuert,
Sie nach der Landung schleunig zu verkünden
Als ein Gesetz?

Balboa.

Das letzte war mein Wille.

Jeronimo.

Als ein Gesetz, nach allen seinen Punkten?

Balboa.

Nach allen seinen Punkten. Keinen hätt'
Ich ausgenommen, keinen widerruf'
Ich feige vor Gericht. — Gott sey da vor!

Jeronimo.

Bedenkt euch wohl! Ihr habt in dieser Schrift
Die Theilungen der Wilden untersagt,
Die doch des Königs höchster Wille sind; —
Habt das Gesetz tyrannisch selbst gescholten.

Balboa.

Nicht das Gesetz, wie's uns der König gab,
Nein, das Gesetz, wie's frech der Frevel übt;
Das nur, das schalt, und schelt' ich noch tyrannisch!
Ihr staunet? — Stellt mich vor des Königs Thron,
Mich vor die Welt! — Was wild mein Herz empört,
Soll mir auch grausam heißen. — Laßt das Beil

Mir vor den Augen blitzen, immerhin!
Zwar dieser Kopf kann euerm Streiche fallen;
Doch mich gesellen zu der blut'gen Schar,
Die Fluch, die Tod auf diese Fluren wälzt;
Das könnt ihr nicht, mit allen euren Beilen! —
So ehr' ich meinen König und mich selbst!

Jeronimo.

Bezähmt den Zorn, und sprecht gefaßt, gelassen.
Was von Verdrehung des Gesetzes ihr
Jetzt unbestimmt, verworren nur gesagt,
Das zeiget klar. Hier gilt Bewies'nes nur.

Balboa.

Nicht von des Zornes eigensücht'ger Gluth,
Vom edlern Feuer flammt's mir auf im Busen,
Der Menschheit Anwald steh' ich vor euch da,
Und ihre Vollmacht ist's, die mich erhebt. —
Nein, was im Busen mir lebendig wogt,
In enge Formeln läßt sich das nicht dämmen.
Gönnt mir Gehör! — Wohl hat schon Ferdinand
Die Theilungen der Wilden uns befohlen;
Vergeßt die Absicht nicht; Sie ist Gesetz!
Als Hausgenoss'ne, Brüder sollten wir
Mit Liebesruf' an uns die Armen locken;
Daß sich ihr scheu Gemüth' an uns gewöhne,
Der Sittlichkeit die Herzen willig öffne,
Daß dann zur hellen Einsicht heil'ger Wahrheit
Der Wilde reif in die Gemeinde trete,
Im Leben froh, im Tode selig werde. —
O menschliches, o himmlisches Gesetz; —
Ein Höllenantlitz lieh die Hölle dir!
Ihr hättet liebend, freundlich sie gelockt,
Als Brüder unter euch zu weilen? — Gott!
Es krümmt ihr Rücken unter Lasten sich,
Der Dränger treibt die arme Menschenheerde,

In Mittagsgluth, die diese Nackten sengt,
Euch Nahrung aus der Erde zu erzwingen;
Mit Fieberfrost tief in der Berge Schachten
Euch Gold zu holen, euren höchsten Gott! —
Nach Heidensitte habt ihr Sklavenjoch
Unmenschlich auf der Schwachen Hals geladen! —
Unsel'ger Widerspruch der Tyranney! —
Indeß die Geissel schwirrt, die Todestrommel,
Die eines Bruders Schreckenstod verkündet,
Des Wilden Herz mit Angst und Wuth erfüllt:
Da preiset ihr ihm das Gesetz der Liebe!
Ist das des Königs Wille? — — Wagt's und sagt;
Verbrechen an der Menschheit sey sein Wille!
Ich weiß, ihr wollt zu Thieren sie erniedern,
Und mit der Mißgestalt, die ihr verschuf't,
Des innern Vorwurfs laute Klage stillen.
Umsonst! Allmächtig ruft das Herz euch zu:
Mensch bleibt doch Mensch, von welcher Farb' er sey!

Pedrarias (entrüstet).

Soll er noch länger Lästerworte häufen?

Jeronimo (steht auf).

Was ein Beklagter sich zum Schutze spricht,
Das kann, nach milder Uebung der Gerichte,
Ihm nur zum Schutze, nicht zum Nachtheil dienen. —
Vergebt mir Herr, und laßt ihn weiter sprechen.

(setzt sich.)

Balboa.

Vergeb' auch mir die hohe Audienz!
Mir schwoll die Brust; mir war's, als sollt' ich nun
Mein letztes Wort mit lautem Donnerruf'
Der späten Nachwelt noch vernehmlich sprechen. —

Was eine Rotte Ungeheures übt,
Das soll in der Geschichte Rollen nicht
Wild flammen einst, als Wille der Regierung,
Die auch die Wilden ihre Kinder nennt,
Und liebend drückt an ihre Mutterbrust. —
O mildes Licht der heil'gen Majestät,
Uns zu beleben freundlich abgesandt;
Wenn durch den Pestqualm nied'rer Leidenschaft,
Der aus der Tiefe dir entgegendampft,
Dein Strahlenglanz nach uns herniederblickt:
Erscheinst du blutig roth, und bringst uns Tod!

Jeronimo.

Ihr spracht vom argen Mißbrauch des Gesetzes,
Den jeder Edle tief mit euch betrauert.
Ihr aber habt den Mißbrauch nicht allein,
Ihr habt die Vorschrift selbst für null erklärt.
So scheint es mir! Antwortet, ob ich irre!

Balboa.

Wo dies Gesetz noch herrschte, saht ihr auch
Im Sklavenjoch die Wilden unterdrückt;
Zeigt mir den Starken, der dem Mißbrauch wehrt!
Ihn dulden — das, das schien mir, hohe Richter,
An meines Königs Ruhm, am Vaterland',
An der bedrängten Menschheit Hochverrath,
Vor dem mein Herz, mein tiefstes Wesen bebt!

Jeronimo.

Was vor euch selbst, was einst vor Gottes Thron'
Euch hebt und schützt, das bleib' euch unbenommen.
Ganz andre Gründe heischt von euch der Richter,
Nach andern Zwecken, und nach seiner Pflicht. —
Gehorsam ist des Staates Fundament;
Er fällt, wenn sich ein kühner Unterthan

Ermessen darf, aus selbstgeschaff'nen Gründen
Die Fugen der Gesetze loszureißen.
Euch kann des Satzes Wahrheit nicht entgeh'n,
Und meine feste Ford'rung nicht befremden:
Habt ihr die Vorschrift, wie ihr schon bekennet,
Nach ihrem ganzen Inhalt aufgehoben:
So zeigt die Vollmacht, die nur kann euch schützen.

Balboa.

Sie liegt in meines Königs großem Herzen,
In seiner Menschenachtung, seinem Hasse
Der schwarzen Höllenausbrut, Sklaverey! —
So kenn' ich ihn, und sprecht, wer kennt ihn anders? —
Von euch erwart' ich, hochverehrte Richter,
Daß ihr, wie nun mein Loos auch fallen mag,
Dies mein Verhör vor den Monarchen bringt. —
G'nügt auch mein Wort nicht dieser Audienz,
Einst wird es doch dem Könige genügen.
Er ruft vielleicht vergebens aus dem Grabe
Dann diesen Arm und dieses Menschenherz,
Das er noch als Infant an seines drückte.

Jeronimo.

Ihr fordert nur was uns're Pflicht erheischt. —
Habt ihr vielleicht vor unsers Königs Throne
Der Wilden Sache schon mit Kraft geführt,
Und harrtet noch auf die Entscheidung?

Balboa.

— Nein!

Jeronimo.

Des Königs Thron steht jedem Bürger offen. —
Hielt euch Gewalt zurück?

Balboa.

Gewalt! Gewalt!
Ich hätte sie vernichtet! —

Jeronimo.

Saget dann,
Was hat zu diesem Schweigen euch vermocht? —
Seyd offen, Balboa, sprecht ohne Rücksicht! —
Die Krone hoffet Vieles noch von euch,
Und Selbsterhaltung sey euch heil'ge Pflicht. —
Laßt falschen Edelmuth euch nicht verleiten! —
Schwiegt ihr vielleicht aus einer zarten Schonung,
Ein theures Herz vor Kränkung zu bewahren?

(Pause.)

Ihr schweigt? — Bei allem, was euch heilig ist,
Bei eurem Leben, eurer Gattin Leben,
Steht mir zur Rede, schweiget länger nicht! —

(Pause.)

Wißt ihr noch etwas, das euch schützen kann;
So bringt es vor.

Balboa.

Ich harre nun des Urtheils.

(Auf einen Wink des Jeronimo entfernt er sich mit der Wache in das
Nebenzimmer. Hierauf stehen die Richter auf und entblößen das Haupt.)

Jeronimo.

Habt ihr des Untersuchten Worte nun
Genau erwogen, reiflich überdacht;
Und seyd ihr frei von aller Menschenfurcht;

Und schweigen euch im Busen Lieb' und Haß;
Und fesselt euer Auge keine Rücksicht,
Daß ihr gerechtes Urtheil sprechen mög't:
So legt betheuernd eure Hand auf's Herz,
Und denkt an Gott und an die Ewigkeit!

(Pause.)

Nun werft die Loose: Leben oder Tod!

(Jeder wirft eine Kugel in einen Becher. Jeronimo zuletzt.)

Man rufe den Beklagten vor Gericht!

(Wache bringt den Balboa.)

Seyd ihr gefaßt, das Urtheil zu vernehmen?

Balboa.

Gott wird mich stärken! Sprecht es immer aus!

Jeronimo.

(mit Selbstüberwindung.)

Das Urtheil — der gesammten Audienz —
Gott sey euch gnädig — ist — der Tod durch's Beil!

Volk.

Gott! Gott!

Einer der Richter.

Nun fort dort oben! Stille! Stille!

(Man sieht Marien sich auf der Galerie händeringend durchdrängen.)

Volk.

Zurück! Zurück! Laßt sie nicht durch! Zu spät!

Fünfter Auftritt.

Maria. Balboa. Pedrarias. Die Richter im Hintergrunde.

Balboa (erschrocken).

Maria!

Pedrarias.

Ha! was soll's, wer rief dich her?

Maria.

Gott denk' ich, denn ich Arme hatte Kraft,
Das Urtheil mit Bewußtseyn anzuhören;
Nichts fürcht' ich mehr auf dieser Welt, nichts mehr.

Pedrarias.

Was suchst du hier?

Maria.

Den Sieger!

(wendet sich, und umarmt Balboa.)

Balboa!

Pedrarias.

Führt sie hinweg!

Maria.

O führt mich in das Grab!
Man hat als eine Braut mich ausgeschmückt;
Das war nicht recht. — Mir ziemt der Wittwenschleier.
Ich bitte, Vater, sorget mir für einen!
Den Brautkranz lös' ich weinend aus den Locken.
Wer will ihn tragen? — Nimm ihn, Balboa!
Nimm ihn als Siegeskranz! — Der Himmel ruft:
Ist nicht mein Lieber herrlich nun geschmückt? —
Dumpf schweigt die Erde! Fluch belastet sie!

(Jeronimo führt sie auf einen Wink des Pedrarias ab.)

O lieber Gott! Nimm uns in's bess're Land!

(Balboa stürzt sich in einen Sitz und verhüllet sein Gesicht.)

Sechster Auftritt.

Pedrarias. Balboa.

Pedrarias.

(öffnet die Hauptthüre. Zur Wache.)

Bei euerm Kopf! Hier lasset Niemand ein!

(kömmt zurück.)

Nun habet ihr vollendet, nun gesiegt!

Balboa.

Weis't gnädig, Herr, mir mein Gefängniß an;
Ich bin erschöpft, und sehne mich nach Ruhe.

Pedrarias.

Erschöpft in dem Bewußtseyn eurer Größe?

Ihr saht den Abgrund, saht den Tod vor euch;
Hinein! ihr stürztet euch hinein! — Die Wuth
Lieh euch die Kraft. — Ihr sporntet euch zur Wuth! —
O ich durchschau' euch ganz! Wie freut es mich,
Daß nie mich eure Heuchlersmiene trügte.

Balboa.

Die Zeit ist mir gemessen. Wenig Gutes
Kann ich mehr üben. — Ich vergeb' euch, Herr!

Pedrarias.

Wirf deine Larve weg, du falscher Frömmler!
Der Satan blickt doch durch. Dein Höllenplan,
Er ist verrathen. — Sterben? immerhin!
Doch eine Tochter frech dem Vater rauben,
Sie in den Abgrund der Verzweiflung schleudern:
Das ist der Weg zu ihres Vaters Herzen. —
Das trift! Mit dem Bewußtseyn sterbt ihr leicht.
Nicht wahr? — O wahrlich!

Balboa.

    Herr! Ein Höllenplan!
Ihr habt ihn wohl benannt. Die heitre Welt
Erzeugt ihn nicht. Ihr nahmt die Möglichkeit
Aus eignem finstern haßerfüllten Busen.

Pedrarias.

Recht, Balboa! Ihr irrt euch nicht! Vernehmt:
Ich hass' euch, Balboa!

Balboa.

    Kann selbst mein Tod
Euch nicht versöhnen?

Pedrarias.

              Mich? — Mit euerm Kopf
Zahlt ihr dem Staate nur die Schuld, nicht mir.
Die Welt soll glauben, das ist euer Wunsch,
Ihr fielet hin ein Opfer meines Hasses.
Vergiften wollt ihr so mit letztem Hauch
Noch meinen Ruf, brandmarken mein Gedächtniß. —
Ha, nicht gelungen, gift'ger Bösewicht!
Du triumphirst zu früh. Dir will ich's wohl,
Doch nicht auf diesem Wege. Nimm, Verräther,
Den Degen, nimm!

Balboa.

Vergeßt nicht eure Würde!

Pedrarias.

Ich Pedrarias will's dem Balboa;
Der Feind dem Feinde! Ringen will
Ich selbst mit euch. Ich will des Armes Kraft
An euern hochberühmten Heldenmuth,
An euch bewähren oder sterben. Zieht! —
Ich dächte doch, ihr fielet rühmlicher
Durch meinen Arm, als durch des Henkers Beil.

Balboa.

Ich ziehe nicht. Ihr seyd Mariens Vater;
Und wär' ich frei, das würd' euch vor mir schützen.

Pedrarias (wüthend).

Ha, ich durchbohre dich!

Balboa (sanft und leicht).

Dank euch dafür!

(Pause.)

Am Grabesrande schweigt die Leidenschaft;
So auch der Zorn in meiner heißen Brust.
Ich will genug euch thun. Was ich gefehlt,
An euch gefehlt; ich will es nicht verhehlen.
Des Königs Vorwort dank' ich meine Gattin;
Ich warb um dieses Wort. — Vergebt es mir!
Ich liebte. — Hold erschien mir eure Tochter,
So wie ein Engel aus der Himmelssphäre,
Und winkte mir zu neuem Lebensglück.
Mein Herz entbrannte! Ach, ein Paradies
Eröffnete sich meinem trunknen Blicke;

Hin strebt' ich glühend! — Doch ein finstrer Geist;
Der dräutet ihr vor diesem heitern Himmel
Den Eingang wehrend. — Ach, kein Wunsch, kein Opfer,
Und keine Bitte söhnte euren Zorn! —
Ich konnte sterben, nicht Marien lassen,
Und eure Gunst mir von der Zeit erwartend,
That ich den Schritt, der euern Haß verstärkte.

Pedrarias.

Wollt ihr den strengen Richter nun bestechen?

Balboa.

Entlaßt mich, Herr! Wie Wogen von dem Felsen,
So prallt mein Wort von euerm Herzen ab.
Ich euch bestechen? — Diese Niedrigkeit
Ist meinem Herzen fremd. — Ob ihr mich haßt,
Ich weiß, daß Pedrarias Flammenhaß
Auf den gerechten Richter nichts vermag.
Was könnte wohl Versöhnung an ihm ändern? —
Wie ich euch achte, Herr, so achtet mich!

Pedrarias.

So geht in das Gefängniß. — Stolzer Mann! —
Laßt ja der Gnade keinen Ausweg offen! —
Ihr drangt ein Unheil bringender Komet
Feindselig ein in meines Ruhmes Bahne;
Ringt nun durch euern Tod ihn zu verlöschen!

(ruft.)

He, Wache!

(Wache erscheint.)

Führt ihn ab zur Felsenkluft!

Balboa.

(geht ab, und kehrt wieder zurück.)

Ihr liebt Marien. — Mit gepreßtem Herzen
Geb' ich das theure Kleinod euch zurück.
Sie liebt euch, Vater. — Gott beschütz' euch beide!
Mit diesem Wunsche lös't sich meine Seele. —

(geht ab.)

Pedrarias (für sich).

So siegreich denkest du zu sterben? — Nein!
Kampf gegen Kampf! Von deiner Höhe stürz'
Ich dennoch, Stolzer, dich! Du hast ein Herz!

Siebenter Auftritt.

Pedrarias. Jeronimo.

Pedrarias.

Noch hier, Jeronimo? Das Urtheil fördert!
Ihr legt es heute mir noch vor. — Noch heute!

Jeronimo.

Mit süßem Trost' erfüllt mich eure Eile. —
Sein karges Leben wollt ihr nicht verkürzen;
Euch treibt das Herz, ihm Gnade zu verkünden.

Pedrarias.

Das spricht der Richter? Kennt ihr seine Schuld?

Jeronimo.

Ich wog die Schuld, und sprach sein Todesurtheil;
Ihr wäget sein Verdienst, und rufet Gnade.

Pedrarias.

Erwartet es und eilet!

Jeronimo.

Heute noch?

Pedrarias.

Ja, heute.

Jeronimo.

Herr! Die ganze Ritterschaft
Umfaßt mit mir nun eure Knie flehend.

Pedrarias.

Ich weiß, ihr liebt ihn alle.

Jeronimo.

Nach Verdienst!

Pedrarias.

Und nach Verdienst erwartet ihn sein Lohn. —
Steht auf. Wie könnt ihr doch um Gnade flehen?
Kann Pedrarias wohl die Schuld vergeben,
Die an der Krone selbst er frech verübt?

Jeronimo.

Wagt ihr es nicht, ihm Gnade zu verkünden,
So wagt's auch nicht, die Strafe zu vollstrecken;
Nein, sendet ihn nach Spanien zurück,

Und unterzieht das Urtheil höherm Spruche.
So war's in diesen Landen immer Sitte,
Wenn große Häupter ein Verbrechen übten. —
Das Leben eines Balboa ist kostbar.
Sein Arm der Krone wichtig. Karlos selbst
Nennt diesen Helden seinen Freund. — Ihr greift
Der Majestät durch seinen Tod zuvor.
Welch anderes Vergeh'n büßt Balboa? —
Daran ermahn' ich euch, nach meiner Pflicht,
Jetzt schonend noch allein; — doch Vorsicht fordert's,
Euch feierlich mit Männern bald zu nah'n,
Die mir dereinst vor Karlos Throne zeugen.

Pedrarias.

Ihr kennet eure Pflicht. — Ich weiß die meine.

(schnell ab.)

Der Vorhang fällt.

Vierter Aufzug.

Felsenkluft. Der Eingang oben am Gewölbe. Vor demselben ein Eisengitter. Der Weg herab ist in Felsen gehauen. Die Höhle wird durch eine hangende Leuchte erhellet. Ein Feldbett. Steinblöcke zum Sitzen.

Erster Auftritt.

Balboa.

Wie dunkel ist es hier! Die hohe Leuchte
Verbreitet kärglich ihren Dämmerschein;
Das Wasser träuft die Felsenwand herab;
Wie schauerlich!   Schon manches edle Opfer
Verseufzte hier sein Leben. — Wehe dem,
Der Großes sinnt, er gräbt sich seine Grube! —
Auch du, Maria, leidest, du, Maria,
So engelrein und himmlisch! — Wirft der Zufall
Die blinden Loose? — Siegt das Laster stets? —

Mein Herz wird eng in dieser Felsenkluft. —
O stille! — Schwindel fasset meinen Geist:
Erschüttert wankt mein sonst so fester Glaube! —
Warum mißlang mein schönes Unternehmen?
Es war doch gut! Gerade daß es gut war,
Gab mir die Zuversicht. Die Möglichkeit
Verbürgte mir des Herzens lauter Ruf;
Die Wirklichkeit — der Himmel! — Doch gescheitert;
So schnell gescheitert! — Eines bleibt mir nur,
Daß ich, von wilden Wogen rings umthürmt,
Wie eine Planke das Bewußtseyn hasche:
Es war doch gut, was ich gewollt, doch gut!! —

O schöner Traum! o gräßliches Erwachen!

Was rauscht? Es regt sich oben. — Ha! — Wer kommt?
Man wird die Todesstunde mir verkünden. —
Sie komme bald und ende meine Zweifel!
Dort seh' ich klar; dort sehnt mein Herz sich hin!

Zweiter Auftritt.

Eskimosa. Balboa.

Balboa.

Seyd mir gegrüßt, mein edler Eskimosa;
Was ihr auch bringt, seyd herzlich mir willkommen!
Hebt eure Brust so ängstlich nicht empor;
Bestürmt durch euern Blick den Himmel nicht!
Ihr kommt als Mann zum Manne. — Muth, mein Freund;
Sagt eure Botschaft! Ihr begegnend will
Ich selbst sie euch erleichtern. — Kommt ihr nicht,
Die Todesstunde mir nun anzukündigen?

Eskimosa.

— Wenn aus den Fluthen sich die Sonne hebt,
Erhebt ihr euch zu einem bessern Leben!

Balboa.

Nun dann mit Gott! — Ich bin darauf gefaßt.

Eskimosa.

Man bietet euch noch Gnade — — mit Bedingung!

Balboa.

Und die Bedingung? Lasset sie doch hören!

Eskimosa.

Ich spreche nun in Pedrarias Namen. —
Ihr sollet vor dem Throne, öffentlich,
Vor der gesammten edlen Ritterschaft,
Gehorsam ihm, und Treue neu geloben;
Den Aufruf dann, den leider ihr verfaßt,
Als eine Frucht der schnellen Übereilung,
Für null und nichtig öffentlich erklären;
Dereinst die Theilungen der Indier
Handhaben, wie's Gesetz und Übung heischt;
Und wolltet ihr dies Alles treu erfüllen,
Euch reuig zeigen, wie's dem Schuld'gen ziemt:
Dann laß' er Gnade walten vor dem Recht.
Wenn ihr aus Pflicht nicht diesem Rufe folgt,
So mög' es euch der Gattin doch erbarmen,
Die eures Stolzes Opfer werden würde.
Sonst müßt' er, seinem Richteramt getreu,
Vollzieh'n das Urtheil, streng und unerschüttert,
Was auch das Loos der theuern Tochter würde.
Nun wählt mit Gott euch Leben — — —

Balboa (schnell).

Nein, den Tod!

Eskimosa.

(ergreift rasch seine Hand.)

Als Held gelebt, und auch als Held gestorben!
Gott sey's gedankt! Ihr steht dem Unglück fest.

Balboa.

Dich, Pedrarias, dich erkenn' ich ganz!
Dein Haß ist sinnreich. Ja, das Edelste,

Die Menschlichkeit willst du in mir vernichten.
Sie gilt es nun zu retten. — O mein Gott!
Wie freundlich lächelte mir deine Erde!
Ich wollte segenbringend auf ihr wandeln;
Nun sollt' ich würgend ihr erscheinen? — Nein!
Leb', Erde, wohl! — Du reißest von mir los. —
Mit feuchtem Blick seh' ich auf dich darnieder;
Ich liebte dich! — So liebe du mich wieder,
Nimm meine Bürd' in deinen kühlen Schoß! —

Eskimosa.

Mir ist, als läg' auf meiner Brust die Welt;
Ich möchte weinen.

Balboa.

O du gute Seele!

Eskimosa.

Es ist nicht recht. Ich will euch nicht beweinen! —
Bewundern will ich euch, und euren Tod
Bedenken froh, bis meine Stunde schlägt;
An eurem Beispiel meinen Kindern zeigen,
Was Festigkeit vermag, was Tugend kann.

Balboa.

Ihr hättet, edler Mann, wie ich gehandelt.

Eskimosa.

Doch darum nicht, weil ich euch nun bewund're?
Was gut, was schön, was edel ist und groß,
Dafür mag mancher wohl sich leicht erwärmen.
Allein in sich das Große festzuhalten,
Wenn wild in Aufruhr jeder Trieb geräth;
Dazu versagt den Meisten doch die Kraft. —

Kein Ungeprüfter soll der Kraft sich rühmen.
Ihr habt gesiegt! Ihr seyd bewährt gefunden!
Wem dies Bewußtseyn mit dem Tode naht,
Dem kommt er nie zu früh. Ein hoher Freund
Bringt er des Lebens köstlichsten Gewinn! —
Euch blüht im Tode Leben! — Es ist klar!

          Balboa (gerührt).

Mein Eskimosa!

          Eskimosa.

    Recht so, Balboa!
Laßt mich in euerm Aug' den Himmel seh'n.
Ich brauche Stärkung. Tief empörte mich
Ein andrer Anblick. Hört! Dem Pedrarias
Brennt schon ein Vorgefühl der Höll' im Busen.
Nun an der Schwelle des Verbrechens fürchtet
Er euern Tod! — Und doch — sein Stolz verbeut
Euch unbedingt die Gnade zu verleih'n.
Nur euch zu beugen dürstet seine Rache.
Bald jubelt er, bald bebt er knirschend wieder;
Man sieht, sein innres Wesen ist zerrissen. —
Bedauert ihn!
      Nun muß ich fort, mein Freund!
Doch im Gedanken will ich fest euch halten.
Mag euch die Welt aus ihren Banden lassen;
Nicht dieser Kopf, nicht dieses treue Herz!

          Balboa.

Lebt wohl!

          Eskimosa.
    (küßt seine Hand, und drückt sie an's Herz.)

    Nicht dieser Kopf, nicht dieses Herz!

(geht schleunig ab.)

Dritter Auftritt.

Balboa.

So stark vermeinst du mich? O guter Alter!
Den Glauben mußt' ich ehrend in dir schonen.
Wie groß erscheinst du dem, den du vergötterst. —
Ach, darf ich meinen Augen trau'n? Er ist's!
Jeronimo!

Vierter Auftritt.

Jeronimo. Balboa.

Jeronimo.
(Noch auf der Höhe.)

    Ich bin es, Balboa!
Und Friede sey mit euch!

Balboa.

    Herab! herab!
Jeronimo! Mann, der mich streng verdammte;
Kommt an mein Herz! Noch schlägt's so heiß für euch,
Wie's mir, dem Jüngling, schlug.

Jeronimo.

              Unglücklich Loos,
Das mich betraf.

Balboa.

Entweihet euern Mund
Nicht durch Entschuldigung geübter Pflicht.
Ihr übtet sie nur mit zerriss'nem Herzen,
Und milde, menschlich. — O das that mir wohl!

Jeronimo.

So mußten wir uns endlich wiederfinden?

Balboa.

Ach, sagt mir, Freund! was machet nun Maria?

Jeronimo.

Vertraut sie mir, und laßt den Himmel sorgen.

Balboa.

Wenn ich nun ende — Gott! wie wird sie's tragen?

Jeronimo.

Leicht wird es mir, den Vater zu bestimmen,
Daß er den Schleier gönnt der Dulderinn.
Ein stilles Heiligthum will ich ihr öffnen,
Wornach sie sich in ihrer Jugend sehnte.
Dort harrt sie sanft und ruhig ihres Tod's.

Balboa.

Nach einem qualerfüllten Jammerleben!

Jeronimo.

Bald ist's geendet! Ach, wir bauen fort,
Als gält' es für die Ewigkeit. Und doch!
Wie lange währt's? — Ich zähle siebenzig.
Wo sind sie hin die Jahre? Man entwindet
Sich seinen Lieben schmerzhaft. Guter Gott!

Es ist doch nur auf nahes Wiedersehn.

Balboa.

Was Schreckliches sich auf das theure Haupt
Mariens häuft, ich trage nicht die Schuld;
Ich wäre glücklich, litt' ich nur allein.
Aus einer Welt, wo Pedrarias herrscht,
Entfliehet gern ein fühlend Menschenherz.
O dieser Mann, er zwingt mich, ihn zu hassen!
Man bot mir Gnade, wißt ihr's wohl? — Doch ich,
Die Gnade will ich nicht, die er mir bietet.

Jeronimo.

Ihr seyd bewegt. — Laßt nun die Menschen walten!
Ihr denket bald mit frohem sichern Flug
Der Erd' euch zu entschwingen. — Balboa!
Laßt euch von Haß und Ehrsucht nicht mehr fesseln!
Nur freie Geister nimmt der Himmel auf.

Balboa.

Sey Gott mir gnädig! Ich gesteh' es frei:
Mein Auge sieht mit Unmuth doch in's Grab.
Noch hab' ich nicht gelebt. — Mein Daseyn schlich
Nur zwecklos hin. Auf diesen Zeitpunkt hatt'
Ich mich gespart; mein thatendürstend Herz
Auf ihn, so sehr es murrte, doch verwiesen.
Der Zeitpunkt kommt, er kommt, und bringt mir Tod!

Jeronimo.

Die liebsten Wünsche Gott zum Opfer bringen,
Es ist des Christen herrlichstes Verdienst.

Balboa.

Der Wunsch der eigensücht'gen Leidenschaft

Verberge sich vor Gott. — Mein reines Streben
Flog unverhüllt zum Himmel auf. — Und noch! —
Das Sklavenjoch den Wilden zu zertrümmern;
Der Menschheit ihn, dem Himmel zuzuführen,
Einst unter Segenswünschen froher Völker,
Im Arm der Liebe selig zu entschlummern:
Das wünsch' ich noch, und muß es innig wünschen.
Gesteht, Jeronimo! Mein Traum war schön.

Jeronimo.

Wohl euch! Noch soll euch dieser Traum erheben!
Der Wille bleibt Verdienst! Denn das Vollbringen
Bewirkt nicht Menschenmacht, giebt nur der Himmel.

Balboa.

O schweigt! Gut war's, was ich mit Muth begann.
Auf dem Bewußtseyn schwang mein Glaube kühn
Sich durch die Wolken. Doch getäuscht, gestürzt,
Lieg' ich zum Hohngelächter in dem Abgrund,
Tief unter meines Planes Riesentrümmern.
Ist Murren Sünde, so verzeih' mir's Gott!
Ich muß doch rufen: Herr! Mein Werk war gut!

Jeronimo (sanft).

Wie, Freund, in dieser wildempörten Stimmung,
Mit des zerriss'nen Herzens Klageruf
Wollt ihr den Himmel sterbend nun begrüßen?
O stimmet euch schon hier zur Harmonie,
Die dort die Ewigseligen beglückt!
Kein Mißton darf in ihre Jubel dringen. —
Ihr klagt: »Mein Werk war gut — und nun gestürzt
Lieg' ich im Abgrund!« Doch, durch wen gestürzt? —
Ganz ohne eig'ne Schuld? — Erforscht euch redlich!
Wenn euch der milde Strahl der güt'gen Vorsicht
Aus jenen dunkeln Fernen nicht mehr leuchtet;

Wo fändet ihr nun Trost, wo Seligkeit? —
Habt ihr euch schuldig, Gott gerecht befunden: —
Dann tragt ihr leicht, und habet überwunden.

Balboa.

War euer Gruß nicht Friede? — Doch ihr raubt
Mir das Bewußtseyn, stürzt mich ganz darnieder!

Jeronimo.

Was wär' es wohl, wenn es sich rauben ließe?
O guter Balboa! — Daß euer Herz
So schön entbrannte für der Menschheit Heil;
Daß ihr ein Paradies in jenen Landen,
Voll frohen Muthes, anzupflanzen dachtet,
Um so vor aller Welt den niedern Vorwand,
Als zähme nur die Sklaverei den Wilden,
Durch That und Beispiel siegend zu entlarven;
Daß ihr für dieses Volk die heil'ge Liebe
Durch selbstgewählten hohen Tod besiegelt:
Seht, dies Bewußtseyn kann euch Niemand rauben,
Es lohnt euch hier, es wird euch ewig lohnen! —
Heil ruf ich euch! — Aus tiefbewegtem Herzen
Ruft euch mit mir, die ganze Menschheit Heil! —
Allein bedenkt: Ihr nah't euch jenem Richter,
Vor dem die Schuld vergebens sich verhüllt. —
Ihr seyd ein Mensch — und menschlich ist's zu fehlen!

Balboa (sanft).

So sprecht! Ich öffne willig euch das Herz.

Jeronimo.

Warum habt ihr das wilde Schlangenhaupt
Der Tyranney dem Throne nicht enthüllt? —
Längst war es Zeit zu sprechen, und zu handeln.

Ihr schwiegt, und legtet eure schönen Plane
Der ungewissen Zukunft in den Schoß. —
So fehlt er oft, der engumschränkte Mensch! —
Zur That wird ihm der Augenblick gegönnt;
Den soll er fassen — doch, er läßt ihn fliehen;
Und bringet ihn der Zeiten Strom nicht wieder,
So klaget thöricht er sein Schicksal an.
Wie soll der Himmel solche Klagen hören? —
Warum habt ihr die Grausamkeit geduldet,
Die längst schon euer fühlend Herz empörte? —
Warum die Pflicht des Widerstands verschoben? —
Warum durch Eigenmacht erzwingen wollen,
Was ihr vom Throne nur erwirken solltet? —
Gesteht es doch! — Mariens Vater ist
Der Schuldige, und euer Liebesbund
Hielt euch von eurer höhern Pflicht zurück.
Mit dieser habt ihr euch nur abgefunden,
In Schöpfungsträumen euren Geist gewiegt.

Balboa.

— Ihr lasset tief in's eigne Herz mich schau'n.

Jeronimo.

Versöhnt euch dann mit Gott! O fühlt es nun:
Daß euch nicht Stolz, daß euch die Reue ziemt!

Balboa.

Ist's Strafe, die ich dulde? Nun wohlan!
Ich habe sie verdient! Ich beuge mich!

Jeronimo.

Und jede Klage schweigt in eurer Brust?

Balboa (sanft).

Daß auch mit mir der arme Wilde leidet:
Seht, das beklag' ich noch. — Daß auch sein Glück
Mit mir dahinstürzt! — Sagt, Jeronimo,
Was konnte seine Unschuld wohl verbrechen? —

Jeronimo.

Wie, Balboa, ihr werdet doch nicht wähnen,
Kein Geist erhebe sich zu eurer Höhe,
Kein Herz sey mit dem Euern gleich gestimmt? —
Wozu euch Gott jetzt nicht mehr würdig finde,
Das könn' er nicht durch andres Werkzeug üben? —
Gewahrt ihr nun den schlauverborgnen Stolz?
Erschreckt vor euch! Ruft euern Glauben wach!
Der Glaub' an Menschentugend und an Gott,
Erhebt sich jedem nur aus eigner Brust. —
O wehe dem, der ihn vergebens ruft!
Sein reines Herz geweiht zum Gottestempel,
Ward schon zur Hölle, wo Verzweiflung thront.

Balboa.
(fällt tieferschütternd an seine Brust.)

O heil'ger Mann! Hebt segnend eure Hand!

Jeronimo (mit Feuer).

Ihr habt euch schuldig, Gott gerecht befunden!
Nun siegt der Geist! der Tod ist überwunden!

Balboa (begeistert).

Ein Schauer faßt mich. — — Ja — ich fühl's! ich fühl's!
Nicht Zufall ist's, was unser Schicksal treibt.

(kniet nieder.)

Gerechtigkeit, ich sinke vor dir nieder!
Du waltest über uns. Was über mich

Dein Spruch verhängt, ich will es sühnend dulden.
Aus seinen Tiefen ruft mein Herz: — Du bist!!
Und wie ich nun von dir die Strafe dulde,
Ist dem Entsühnten Gnade auch gewiß!

(steht auf.)

O sie umweht mich schon mit Himmelsdüften,
Und Ruhe kehrt in meine Brust zurück! —

(zu Jeronimo.)

Verlaß mich nicht, du treuer Friedensbothe!

Jeronimo.

Nein, ich verlaß euch nicht.

Balboa.

O Tod! erscheine!
Nun fürcht' ich deine Schrecken nicht. Erscheine!

Jeronimo.

Was will uns Eskimosa? — Seht, er naht!

Fünfter Auftritt.

Eskimosa. Balboa. Jeronimo.

Eskimosa.

Wenn ich im höheren Gespräch euch nun
Und diesen Edlen störe, so vergebt.

Balboa.

Ihr seyd willkommen, ihm und mir, mein Freund!

Eskimosa.

Nicht unbescheiden heftiges Verlangen,
Euch noch zu seh'n — das wüßt' ich zu bezähmen —
Mich führet meine Pflicht hierher.

Balboa.

So sprecht.

Eskimosa.

»Er will den Tod,« so hab' ich kurz und treu
Dem Pedrarias euern Schluß gemeldet. —
Nun droht ein neuer Sturm euch zu erschüttern.

Balboa.

Mag es doch stürmen! Hier, mein Freund, ist's ruhig.

Eskimosa.

Ich weiß, die Ruhe lebt in euerm Busen. — —
O theilet sie der Gattinn liebend mit!
Ihr seyd getröstet. — Sie bedarf des Trostes!

Balboa.

Maria! —

Eskimosa.

  Fühlet ihr euch stark genug,
Die Leidende zu sehen?

Balboa.

Eskimosa!

Eskimosa.

Nicht bloß zu seh'n, sie sanft emporzuheben!

Balboa.

Ich bin ein Mensch —

Eskimosa.

Ein Held, mein Balboa!
Ermannet euch! — Sie harret euer schon.

Balboa.

Was habet ihr gethan?

Eskimosa.

Nicht ich, bei Gott! —
Ihr Vater sendet sie.

Balboa.

Zu mir? — Unmöglich!

Eskimosa.

Viel wälzet er in seinem schwarzen Busen,
Was nicht so leicht ein Menschenaug' ergründet;
Allein, hier hab' ich ihn erkannt: er wünscht,
Er hofft, ihr Jammeranblick soll euch beugen.

Balboa (entrüstet).

Ha, Pedrarias!

Eskimosa.

Hütet euch, mein Freund,

Vor ihr des Vaters zürnend zu erwähnen!
Wie würdet ihr die Engelsseele kränken!
Ein Schauder zucket schneidend durch ihr Herz,
Wenn nur sein Namensschall ihr Ohr berührt.
Die gute Tochter! Fürchten muß sie ihn;
Doch diese Furcht erfüllet sie mit Schrecken.
Sie schilt sich selbst, undankbar, unnatürlich!
Verbannt in dieser Abschiedsstunde
Den Haß, der sie empören würde. Laßt
Sie ungestört und vorwurfsfrei euch lieben!

           Balboa.
        (unmuthig und heftig.)

Und kann ich das? Und wie? Und wer gebietet,
Zu nah'n der Liebe, zu entflieh'n dem Hasse?

           Jeronimo.

Der scharfe Blick auf ihren Gegenstand! —
O Balboa! — Mit Schlangenbissen nagt
Den Pedrarias heimlich schon die Reue.
Und wenn ihr bald in ew'ger Ruhe blüht,
Wie wird euch rufen sein Verzweiflungsruf!
Denn übertäubt ist sein Gewissen nur.
Er weihet sich dem jammervollsten Elend!
Denkt seinen Zustand! Lebhaft führet ihn
Euch vor Gemüth! — Ist's nicht ein Mensch, wie ihr,
Der in dem Abgrund liegt? Die Leidenschaft,
Die ihn gestürzt, hat sie euch nicht erschüttert? —
O fühlet Mitleid! Laßt den finstern Haß
In euerm Busen schweigen! — Feinde lieben,
Es ist das Göttlichste! — Schwingt euch empor!

           Balboa.
       (nach einer Pause, schnell.)

Gott sieht mein Herz! Ich hab' ihm ganz vergeben.

Jeronimo.

So darf, so soll euch noch Maria lieben?

Eskimosa.

Die arme Dulderinn! Erschreckt nur nicht.
Zu fein besaitet ist ihr zartes Herz,
Es klinget jedem Hauche. Wilder Sturm
Ras't nun darin, und droht es zu zerrütten.
Darauf seyd wohl gefaßt, und schonet sie. —
Wir gehen sie zu holen. — Heftigkeit
Vermeidet! Sanft und leise sprecht sie an,
Und lockt ihr Herz zu den gewohnten Tönen. —
— Nicht folget uns! — Bis sie herabkommt, weilet! —

(Jeronimo und Eskimosa steigen hinauf. Oben übergiebt Eskimosa Maria dem Jeronimo.)

Balboa.

Was sag' ich ihr? und wie beginn' ich? — Gott!
Dort wankt sie schon. — So bleich! — Mein Herz zerreißt!

(stellt sich, daß er von Marien nicht gesehen werden kann.)

Sechster Auftritt.

Maria. Jeronimo. Balboa.

Jeronimo (auf der Höhe).

Reicht mir die Hand! Ihr kommt vom Tageslichte,
Und seyd geblendet.

Maria (hält an).

Ah!

Jeronimo.

Was ist euch, Donna?

Maria.

Mein Herz! — Ah! — Weiter!

Jeronimo.

Gönnt euch Zeit;
Steil sind die Stufen. —

Maria.

Rauh der Weg in's Grab!
Ich hör' ihn nicht. —

Balboa.

Maria!

Maria.

Balboa!
Ich höre meinen Balboa! Hinab!
Wo weilst du, wo?

Balboa (umarmt sie).

Hier, Theure!

Maria.

Güt'ger Himmel!

Balboa.

O Gott, sie sinkt! Helft mir, Jeronimo!

(Sie setzen sich.)

Dich leiden seh'n — der Tod ist nicht so bitter!

Maria (schwach).

Ich leide nicht — Wer sagt dir, daß ich leide?
Ich fühle mich nun stark. — Ich bin so glücklich!
In deinem Arm, an deiner theuern Brust,
So möcht' ich sterben, so! — O stille! stille!

(halten sich umarmt. Pause.)

Jeronimo.

(betrachtet sie von fern.)

Wie sie sich hold umschlingen! Wonne strahlt
Ihr Blick! — Sie schweigen. — Was bedürfen sie
Der Worte? — Schon entfesselt sind die Geister!
Sie sind vereint, sind ein's!

(er naht sich ihnen, und umfaßt sie feierlich.)

O liebet! liebet! —
Die reine Himmelsgluth der Seelenliebe
Verlöschet nicht in karger Lebenszeit;
Der Tod vernichtet nur die Sinnentriebe;
Der Bund der Geister währt in Ewigkeit!
Wohl mag die Welt den einen länger binden;
Doch was verwandt ist, muß sich wieder finden!

(zieht sich zurück.)

Maria.

Doch was verwandt ist, muß sich wieder finden?

O süßer Trost! Nur bald!

(fährt vom Sitze auf.)

Ah wieder!

Balboa.

Gott! bist du krank, Maria?

Maria.

Nein! Es zuckt
Mir flüchtig nur im Herzen. — Sehnsucht will
Das wunde Herz befrei'n, und kann es nicht. —
Oft macht's mich athemlos. — Geduld mein Herz! —
Es endet doch!

Balboa.

So willst du mich betrüben?

Maria.

Kann dich betrüben, was mich heiter macht?
So wunderbar begann dies Weh' in mir,
O höre, wie es kam. —
     Als das Gericht
Beendigt war, hinfiel ich schluchzend, kraftlos.
O süßer Schlummer, der mich dann umfing! —
Schnell war es mir, als hebe sich dein Bild
In Purpurwolken, freundlich anzuschau'n.
Dein Auge funkelte. Sanft hergebeugt
Sahst du auf mich. Tiefschauernd starrt' ich auf,
Als du dich höher hobst und höher! — Ach!
Nachfliegen wollt' ich und vermocht' es nicht.
Doch als du mir nun schon entschwinden wolltest,
Aufschrie ich, furchtbar! — Lächelnd von der Höhe
Hielst du einladend mir den Arm entgegen.

»Ich folge,« rief ich; wie ich's rief, da riß
Es mir am Herzen schmerzlich, daß ich wohl
Zu sterben dachte, doch — ich war erwacht. —
— Und wenn es nun mir an dem Herzen reißt;
Ich acht' es nicht, und denke nur — »ich folge!«

Balboa.

Ach, weißt du wohl, was du beginnst, Maria?
Mit jedem Worte fesselst du mein Herz
An diese Welt, der ich entfliehen muß!

Maria.

Hätt' ich geklagt? Bei Gott! Das wollt' ich nicht
Es hätte sich mein fühlend Herz verrathen? —
Voll Widerstreit ist dieses arme Herz,
Voll Jubel und voll Qual! — Sieh, Balboa!
Bedenk' ich lebhaft, daß dir Menschenwohl
Mehr als dein Leben gilt; daß du nun glänzest
Als Märtyrer der unterdrückten Menschheit,
Da faßt's mich schauernd, und hinsinken möcht'
Ich dann, anbetend hin zu deinen Füßen,
Dich Heiligen um deinen Segen bitten! —
Ich kann es nur mit leisem Zittern denken,
Daß du mich liebst! — Wie kam ich zu dem Glücke?
Ich hab' es nicht verdient. — Erhebe dich
Zum schönsten deiner Siege! — Stirb, o Held!
Mich Schwache stärkt der Himmel wunderbar;
Denn ob in mir auch jede Nerve zuckt:
Doch hab' ich Kraft, dir zuzurufen. — — Stirb!

Balboa.

O holder Engel, der mir Stärkung bringt!
Wie schön erhellst du meines Kerkers Nacht!

Maria.

Ich denke nun des Tag's, der uns verband.
Ein Schreckenstag! — Zwölf Opfer sollten bluten!
Entfloh'n dem Grauen dieses Höllenschauspiels,
Dem wilden Wirbeln dieser Todestrommeln,
Irrt' ich am Meeresufer, einsam trauernd,
Und meine Thränen flossen um die Wilden.
Auch du erschienst! Auch dich, mein Balboa,
Vertrieben diese Schrecken. — Welche Stunde!
In Harmonie zerflossen unsre Seelen,
Die lang sich suchten, hatten sich gefunden,
Und schnell für ewig waren sie verbunden!
Vor uns das Meer, den Himmel über uns,
So haben wir den heil'gen Bund beschlossen:
»Zu stehen für der armen Menschheit Sache,
Im Glück und Unglück, bis zur Todesstunde.
Wer pflichtvergessen diesen Bund einst bräche,
Der habe nimmer Recht auf heil'ge Liebe!«
— O du hast Wort gehalten, Balboa,
Mit Ehrfurcht lieb' ich dich!

(will vor ihm niederfallen.)

Balboa (hält sie auf).

Maria! Theure!
Du reine Seele, du beschämst mich tief.

Maria.

Ich bin ein schwaches Weib. — Ich kann's nicht denken,
Was einst aus mir noch werden wird. — Ich hoffe,
Nicht werd' ich's überleben. — Nimm mich, Gott!
Was blickst du nun so düster auf mich nieder? —
Ich sage dir: Du stirbst mit meiner Liebe,
Brich du mein Herz! Doch unser Bund bestehe!

(setzt sich erschöpft.)

Balboa.

Bei unsrer Liebe fleh', beschwör' ich dich...

Maria.

Befiehl! es soll geschehen, was du heischest.

Balboa (zu Jeronimo).

Tritt näher, Freund! —
              Bald wird er dir, Maria,
Ein stilles sichres Heiligthum eröffnen.

Maria.

Wohin ich wandle, folget mir die Qual.
Für mich giebt's einen Hafen nur: — das Grab!

Jeronimo.

Die Palme winkt dem edlen Dulder dort.

Maria.

Nicht bin ich würdig, solchen Preis zu fassen.

Balboa (lebhaft).

Beim Wiederseh'n bring' ich dir selbst die Palme.

Maria (steht auf).

O süßer Preis! Womit erring' ich ihn?

Balboa.

Wenn du der Trauer siegend widerstehst.

Maria.

Nicht trauern sollt' ich? — O du forderst viel!

Jeronimo.

Wer will, der kann; erwecket euern Muth!

Maria.

Doch denken, an ihn denken darf ich doch?

Balboa (schnell).

Laß nicht mein Bild aus deiner Seele weichen!

Maria (innig).

Und wenn es schön vor meiner Seele strahlt?

Balboa.

Dann ist's mein Geist, der liebend dich umschwebt!

Maria (noch lebhafter).

Und wenn mein Herz von heißer Sehnsucht glüht?

Balboa.

Dann reicht die Hoffnung kühlend dir den Kranz.

Maria.

Vereinigung mit dir muß ich doch wünschen!

Balboa.

Erfüllung reicht aus Wolken dir die Hand.

Maria (ängstlicher, lauter).

Was ich verlor, ich will es wiederfinden!

Balboa.

Und glaube mir, es bleibt dir treu verwahrt!

Maria.

Was ich verlor, das ist doch jetzt verloren. —
O laßt mich weinen! — Fühllos seyn ist schlimmer.

Balboa.

(in heftiger Bewegung.)

Geliebte! Liebe mich! und hoffe! weine!
Was sagt' ich? — Gott!

(umarmt sie.)

O meines Lebens Leben!

Jeronimo.

Dies eine denkt! Die Trennung währt nicht immer!
Wie bald entflieht des Lebens düstre Nacht!
Der Tag beginnt. Ihr findet euch im Schimmer.
Wo ist dein Stachel, Tod, wo deine Macht?
Auf Erden fühlt ihr nur der Trennung Wunden;
Doch ewig, ewig lebt ihr dort verbunden.

Maria.

Tönt aus dem Himmel uns die sanfte Stimme?

Balboa.

Mit süßer Ahndung scheiden; es ist schön!

Jeronimo.

Der innre Sturm begab sich nun zur Ruhe.
Erhaltet diese Stimmung! Trennt euch schnell,

Sogleich, jetzt, da euch Kraft und Muth belebt!

(zu Balboa.)

Euch ziemt's, durch hohes Beispiel sie zu stärken.
O zaudert nicht!

Balboa.

(abgewandt mit erstickter Stimme.)

Leb' wohl! Leb' wohl, Maria!

(geht seitwärts und verhüllt sich.)

Jeronimo.

Was weilet ihr, Maria? — Neue Qual
Bereitet nicht dem Dulder.

Maria (verworren).

Qual! O nein!
Wie schmerzlich! Ah!

Jeronimo.

O kommet und folget mir.

Maria.

(fast schreiend.)

Ich folge! Ah!

Balboa.

Noch einen Kuß!

Maria (küßt ihn).

Stirb! Stirb!

Jeronimo (tief bewegt).

O meine Kinder!

(Balboa entreißt sich ihr.)

Maria.

(in wilder Betäubung.)

Fort! Nun fort!

(Jeronimo begleitet Marien. Balboa sieht ihr nach. Als sie zu den Stufen kömmt, sinkt er auf sein Lager.)

Balboa.

Komm, Ruhe! Ruhe!

Der Vorhang fällt.

Fünfter Aufzug.

Scene des vorigen Aufzugs.

(Die Eröffnungsmusik ist ein Trauermarsch, inner dem Theater. Während der letzten Takte erhebt sich der Vorhang langsam. Balboa schläft. Jeronimo steht über ihn gebeugt, und leuchtet ihm ins Gesicht. Die Fackeln sind tief abgebrannt.)

Erster Auftritt.

Jeronimo. Balboa.

Jeronimo.

Der Tag beginnt! — Die Trauertöne klingen,
Und rufen ihn mit Liebesruf' in's Grab.
Noch einen Kampf, den wird er muthig ringen,
Dann wirft er freudig seine Fesseln ab;
Hebt aus dem leeren irdischen Gewimmel,
Sich siegend dann, frohlockend auf zum Himmel!

Schon dringt die Zeit. — Ich sollt' ihn nun erwecken.
Ich will es zwar. — Doch fehlet mir der Muth. —
— Das seh' ich wohl, dich kann der Tod nicht schrecken;
Du ruhest sanft, wie der Gerechte ruht.
Mit diesem Himmelslächeln im Gesichte,
Stellt man sich furchtlos, freudig dem Gerichte.

Ich will nicht stören seine heil'gen Träume. —
Sie heben oft im freudereichen Flug
Den freiern Geist in lichte Himmelsräume; —
Was dann sie künden ist nicht eitler Trug.

Wenn nicht mit uns die irren Sinne schalten,
Dann kann sich Geistern, Geistiges entfalten.

So fließet sanft ihm fort, ihr letzten Stunden,
Er fühle froh sich in der eignen Welt!
Erwachet er, dann schlägt ihm neue Wunden
Die Wirklichkeit, die ihn gebunden hält.
Noch hört er hier Mariens Wehe hallen,
Und Trauer wird sein zart Gemüth befallen.

Viel Schmerz wird euch, ihr Edlen, zugemessen;
Und euer Lohn blüht nicht in dieser Zeit!
Von ihm geweckt, wie könntet ihr vergessen,
Des Vaterlands, der heitern Ewigkeit? —
Doch wie auf euch die grausen Leiden stürmen:
Den Schild ergreift: Der Glaube wird euch schirmen!

(Unter den letzten Strophen ist Maria die Felsentreppe herabgewankt.)

Zweiter Auftritt.

Maria. Jeronimo. Balboa.

Maria (leise).

Jeronimo!

Jeronimo.

Gott! Donna! Ihr? — und jetzt!
Gott sey euch gnädig! Sagt, was suchet ihr?
Wer ließ euch ein?

Maria (lächelnd).

Es giebt noch gute Menschen!

Jeronimo.

Er schläft!

Maria.

Unmöglich!

Jeronimo.

Seht!

Maria.

Er konnte schlafen.

Jeronimo.

Verbittert ihm die letzte Stunde nicht.
Ach, eilet fort!

Maria.

Das kann ich nicht. Es riß
Mein böser Geist mit Ungestüm mich her.
Ihm ward Gewalt gegeben über mich!

Jeronimo.

Verscheucht die Phantasie!

Maria.

(verwirrt, nachsinnend.)

»Daß du lang lebst,
Und es dir wohlergehe hier auf Erden; —
Den Vater ehre!« — — — Gerne wollt' ich's — Gott!
Es ist entsetzlich!!

Jeronimo.

Leiser sprecht, Maria!

Maria (schneidend).

Wie kann er schlafen!

Jeronimo.

Gönnt ihm doch die Ruhe!

Maria.

Ach, habt ihr diese Nacht den Sturm gehört?

Jeronimo.

Nein, Liebe!

Maria.

Schwarz und finster war die Nacht.
Die Winde heulten. Aus dem Walde hört'
Ich wild die Tyger brüllen. War's aus Freude? —
Die Hölle feiert heut' ihr Jubelfest.

Jeronimo.

Ach, armes Kind!

Maria.

Ich war bei meinem Vater!

Jeronimo.

Wie! diese Nacht?

Maria.

In dieser Schreckensnacht.

Zu seinem Vaterherzen wollt' ich fleh'n.
Ich fand ihn wachend, seine Augen brannten,
Und auf dem Lager stemmt' er stöhnend sich. —
Die Sprache stockte mir bei diesem Anblick.
Ich blieb nun starr und lautlos vor ihm stehen.

Jeronimo.

Und er?

Maria.

Fuhr gräßlich zuckend auf, und schrie,
Und kreuzte sich. Was er zu mir gesprochen,
Das fragt mich nicht. — Ihr könntet, Guter, wohl
Darüber den Verstand verlieren. — Ach!
Er hielt mich für der Mutter sel'gen Geist,
Verbarg sich zitternd in des Lagers Decken,
Und betete. — Da eilt' ich leis hinweg,
Und hatte nicht den Muth, ihn zu erwecken;
Bald wär' ich hingesunken.

Jeronimo.

Betet, Kind!

Maria.

Die Angst versperrt den Worten ihren Weg.

Jeronimo.

Des Herzens heißer Wunsch ist euch Gebot.

Maria.
(laut.)

So schenkt der Himmel gnädig mir den Tod!

Balboa (schlafend).

Maria!

Jeronimo.

Stille!

Maria.

Ah — ist er nun wach?

Jeronimo.

Noch nicht. Er träumt.

Maria.

Von mir?

Jeronimo.

Von euch und sanft.

Maria.

Und sanft!

Jeronimo.

Bald sieht er euch entstellt, verstört;
Dahin ist seine Ruhe. — Soll der Arme
Den Leidenskelch bis auf die Hefen leeren?
Ach, eilet schleunig fort, wenn ihr ihn liebt.
Jetzt, da er schläft.

Maria.

Wie hart! wie ungerecht!
Wer reißt die Gattinn von dem Sterbebette,

Auf dem ihr Gatte nach dem Tode ringt? —
Wie kann die Liebe diesen Vorwurf tragen,
Daß den Geliebten sie im Tod verließ?
— Und er verlangt nach mir! O seht nur hin.

Jeronimo.

So wollt ihr ihm den letzten Kampf erleichtern.

Maria.

Dazu verzehrt sich meine letzte Kraft.

Jeronimo.

Ihr waget viel, und denkt ihr's zu bestehen?

Maria.

Auch gestern wagt' ich's, und ich überwand.

Jeronimo.

Es wird der Schmerz euch grimmig überfallen.

Maria.

Er wüthe! — Doch in diesem Herzen nur.

Jeronimo.

Das Schrecklichste wollt ihr im Stillen dulden?

Maria.

Wie unter'm Messer das geduld'ge Lamm.

Jeronimo.

Versprecht es mir bei eurer heil'gen Liebe!

Maria.

Hier meine Hand! Ich fühle Himmelskraft!

Jeronimo.

Setzt euch zurück. — Es dränget nah' heran!
Habt ihr den Trauermarsch gehört?

Maria.

Er rief
Mich her und ihn zum Tode!

Jeronimo.

Bald erscheint
Der Richter, ihn zu holen. Nochmals, Kind,
Erspart euch diesen Anblick.

Maria.
(unwillig und fest.)

Nein, ich bleibe!

Jeronimo.

So muß ich ihn erwecken.

(führt sie in den Hintergrund.)

Weilet hier!
Und schweiget bis ich rufe.

Maria.

Eilet! Eilet!

Dritter Auftritt.

Jeronimo. Balboa.

Jeronimo.

Erwachet, Balboa!

Balboa (erwachend).

Wer ruft? — Ha, wie?
Noch hier? noch hier! Seid ihr's, Jeronimo?

Jeronimo.

Ihr habt nun sanft geruht.

Balboa.

Sehr sanft! sehr süß!
O wunderbar ist doch des Schlafes Kraft!
Ich fühle mich gestärkt, belebt, erheitert!

Jeronimo.

Ich hatte nicht den Muth, euch zu erwecken.

Balboa.

Bei mir gewachet also? — Dank, mein Freund!
Beginnt der Tag? —

Jeronimo.

So denk' ich fast. Die Fackeln —
Seht hin! sind abgebrannt.

Balboa.

Und auch mein Leben!

Jeronimo.

Nicht euer Glaube!

Balboa.

Auch nicht meine Liebe!
O daß Maria doch geschlummert hätte!

Jeronimo.

Aus eurer Ruhe wird sie Ruhe schöpfen.

Balboa.

Ich wäre ruhig, wüßt' ich sie nur glücklich.

Jeronimo.

Von euch geliebt zu seyn, beglücket sie;
Ihr mögt hier unten, mögt dort oben wallen!

Balboa.

Ich hoff' es selbst. — So schwach ihr Körper ist;
Doch regt in ihr sich männlich stark der Geist.
O herrliches Geschöpf! o Himmelsbild!
Umsonst hätt' ich gelebt? — Nein, glaub' es nicht;
Was nur im Unmuth ich dir sagen konnte.
Für dieses Leben dank' ich sterbend Gott!
Marien gab es mir, und o der Wonne:
Mariens Liebe raubt mir nicht der Tod!

Jeronimo.

Wenn wahrhaft Liebende harmonisch fühlen,
So fließet Balsam ihr in's wunde Herz.

Balboa.

Ihr tröstet mich!

Jeronimo.

Sie wünscht euch selbst zu trösten!

Balboa.

So ließ sie mir ein liebend Wort schon melden? —

Jeronimo.

Selbst nahen will sie euch, daß ihr im Tode
Ein Zeugniß ihrer Liebe noch gewahrt.

Balboa.

Bedarf es dessen?

Jeronimo.

Doch, mein Balboa!
Wer andre fühlend tröstet, hebt sich selbst!

Balboa.

Sie komme!

Vierter Auftritt.

Maria. Balboa. Jeronimo.

Maria.
(nähert sich ihm von rückwärts, und umarmt ihn.)

Balboa!

Balboa.

O Gott! schon hier?

Maria.

Du bist so ruhig?

Balboa.

Winkt mir nicht die Ruhe?
Bald bin ich frei! Bald hab' ich überwunden!

Maria.

Ja wohl! O stille, Herz! Auch du wirst frei!

Balboa.

Maria!

Maria.

Ach! Es nur zu denken ist schon süß!
Die Erde decket
Mich leicht und kühl;
Mein Engel wecket
Mich zum Gefühl!

Balboa.

Denk' nicht an dieses Trauerlied, Maria!

Maria.

Ein Trauerlied? Und klingt so freudig nach!
Und sanft und still
Fühl' ich im Herzen
Es neu sich regen,
Sich leis bewegen,
Wie sanft! wie still! —
Wo seyd ihr Schmerzen?

Seyd ihr hinab
Nun schon gesunken;
Im kühlen Grab
So schnell versunken? —
Und wünschen sollt' ich nicht den Tod? — Warum? —

Balboa.

Ha, welcher Geist beseelet dich, Maria?
Dein Auge funkelt wonnevoll und herrlich!

Maria (begeistert).

Mein Engel hebt mich in die Lüfte,
Balsamisch wehen Rosendüfte! —
Wie süß melodisch tönt
Sein goldnes Flügelpaar!
Welch sanfter Schimmer krönt
Sein lockenreiches Haar!
Wer bist du, Engel, mild und licht? —
Wohl kannt' ich einst dein Angesicht!

Balboa.

O töne fort! Eröffne mir den Himmel!

Maria.

Wie lächelt nun dein Angesicht,
So himmlisch hold, so freundlich licht!
O dieses Lächeln sah ich schon,
Auch deinen Seelenblick!
Das ist dein Herzenston!
Der Schleier fällt!
Verschwinde Welt! —
O Himmelsglück!

(fällt ihm in die Arme.)

Bald rufe mich! Laß mich nicht lange warten!

Jeronimo.
(mit gefalteten Händen.)

O guter Gott! Laß sie nicht lange warten!
Jetzt, Kinder! Seyd gefaßt! Die Schlösser rauschen.

Maria.

O Gott!

Balboa.

Fahr' hin, o Welt! Komm, Himmelsglück!

Fünfter Auftritt.

Die Vorigen. Linares.

Linares.
(im Herabsteigen.)

Erschreckt nicht, Herr! Ich bin's! Ich, Linares!

Maria.
(stürzt ihm entgegen.)

Was bringt ihr?

Linares (erschrocken).

Donna!

Maria.

Rettung? sprecht!

An eures Rufes freudigem Getön,
An eurer schönen Eile kannt' ich's. Sprecht!

Linares.

Für euch ist meine Bothschaft nicht. Vergebt!
Euch hatt' ich nicht erwartet.

Maria.

      Sprechet immer!
Wie kann doch meine Gegenwart das Wort
Des Freudebringers stocken machen? Ruft!
O ruft! Laßt diese Felsenwände laut
Vom ungewohnten Schall der Freude tönen.
Ich rufe mit! Ach, eilet! — Ah! — geschwind.
Ihr tödtet mich, wenn ihr noch länger zaudert.

Balboa (ernst).

Was bringt ihr?

Linares.

      Rettung! Freiheit! Herr;
Des Kerkers Thore steh'n euch offen. Eilet!

Maria.

Jeronimo, o halte mich, ich sinke!

Balboa (strenge).

Wer sandte dich? —

Linares.

      Ach, eilet! Faßt sogleich
Den Augenblick. Schnell wird sich alles euch
Erklären.

Balboa.

Sprich! Was soll sich mir erklären?

Maria (zu Balboa).

Du hörest — Rettung dir und mir — und Freiheit!
O Himmel! eile! Dir zu Füßen —

Balboa (hält sie auf).

Nein, Maria!
Laß uns erst hören, wer uns retten will,
Und wie? — Geduld!

Maria.

Ha, Grausamer!

Balboa (sanft).

Maria!

Maria (furchtsam).

Ich schweige — sieh ich schweige — zürne nicht!

(setzt sich.)

Balboa.

Hat Pedrarias dich zu mir gesendet?
Und bietet er mir Gnade?

Maria.

Weh', mein Vater!

Linares.

Sprecht nicht von Gnade — sie beglückt Verbrecher!
Doch euer Haupt beladet keine Schuld.
O folgt!

Balboa.

Wohin?

Linares.

Frei läßt die Wach' euch ziehen.

Balboa.

O schäme dich — bestochen hast du sie!

Linares.

Was ich gethan verletzt nicht eure Ehre!
Nur meine — fahre sie dahin — für euch —
Ist sie zu kostbar nicht verkauft.

Maria (händeringend).

Geduld!

Linares.

Folgt mir zu Suligo! Dort ist schon alles,
Was euer ist, versammelt. Viele sind's!
Mehr als ich dachte, wackre Ehrenmänner!
O kommt nur hin! Der Anblick stärkt das Herz.
Das schüttelt sich die Hand! Das schätzt sich glücklich,
Für euch zu sterben. O wie sehnlich harret
Man eurer dort! — Was hebt den Helden mehr,
Als rings um sich die Edlen zu erblicken,
Die seine Kraft und Tugend sich verband
Auf Tod und Leben?

Maria.

Weh'!

Linares.

Ihr zaudert noch?

Balboa.

Nun sprich es aus! Nicht wahr? — Ich soll entfliehen?

Linares.

Entflieh'n! Was denkt ihr, Herr? — Nein wahrlich nicht!
Sucht erst die feige Seele unter uns,
Die diesen Stolz dem Pedrarias gönnte,
Daß Balboa vor ihm entfliehen müßte.
Auf Kampf ist's abgeseh'n! — Die Faust entscheide!
Die Blutgesellen dieses Wütherichs —

Maria.

Ah!

(Balboa winkt dem Linares auf Marien.)

Linares (ohne es zu bemerken).

Versammelt sind sie schon am Hochgerichte,
Wo euer heilig Haupt nun fallen soll.
Hinein, dort stürmen wir mit Muth hinein!
Von euch geführt, von Wuth und Schmerz entbrannt,
Schnelltreffend mit der Kraft des Donnerkeils! —
Die Schmach mit Blut, sie sollen sie bezahlen! —
Freu dich, mein guter Degen! — Nein, du wardst
So fröhlich nie, so heilig nie gezogen.

Balboa.

Und dann?

      Linares (betroffen).

  Dann seyd allein ihr unser Herr!

       Balboa.

Und Pedrarias? —

       Linares.

    Nach Kastilien
Mit ihm zurück. Hier taugt er länger nicht.

       Maria.

Mein Vater!

       Balboa.

  Sorge nicht für ihn, Geliebte!

       Linares.

Bei Gott! vergebt! ihr thut nicht wohl daran,
Daß ihr die dargebot'ne Freundeshand
So lange nicht ergreift, und zögernd weilt.

       Balboa.

Du kehrst zum Suligo zurück, erklärst:
So hätt' ich deine Bothschaft dir erwiedert.
Gott sey da vor, daß nur ein Tropfen Blut's
Für mich den fremden Boden färben sollte;
Das edler für der Krone Macht und Glanz,
Das freudig für den Glauben fließen soll.
Durch königliche Vollmacht ist allhier
Als Herrscher Pedrarias aufgestellt!
Rebell zu werden, war ich nie gesinnt!
Es schmerzt mich sehr, es kränkt mich bis zu Thränen,
Daß meine Treuen niedrig von mir denken;
Zu ihrer Pflicht ermahn' ich sie im Tode.
Und wer mich liebt, der wird mir auch gehorchen.

Maria.

Mein Vater — oder du? — O Gott! — Kein Ausweg!
Ist keine Rettung?

Balboa.

Fasse dich, Maria!
Ergieb dich hochgesinnet dem Geschick. —
Ach, Linares, so störst du unsre Ruhe;
Mit falscher Hoffnung hast du sie getäuscht!

(geht unruhig auf und ab.)

Sieh, Linares! Ich habe dich geliebt,
Dich vorgezogen, überall geehrt,
Als meinen Freund dich offen ausgezeichnet —

Linares.

Weiß ich's nicht, Herr? Und brennt mir nicht das Herz,
Daß dieses schöne Leben nun entflieht.

Balboa.

In Spanien bist du mir schon gefolgt,
Und treu seitdem auf jedem meiner Züge.
Uns trennte nicht der Tag, und nicht die Nacht.
Des flüchtigsten Gedankens Schattenbild,
Des Herzens kaum bemerkte leise Wallung,
Dir lag mein Innerstes eröffnet da.
Hast du an mir in einer schwachen Stunde,
Im Augenblick empörter Leidenschaft,
Etwas bemerkt, geahnet nur, was dir
Den Muth zu solchem Antrag gab: so sprich!
Ich gehe nun vor einen strengen Richter,
Und möchte mich nicht gerne länger täuschen.

Linares.

Nein, Herr!

Balboa.

Und kränkst mich doch so tief?
Was werden deine Brüder von mir denken,
Wenn du den Glauben schon an mir verlorst.

Linares.

(fällt ihm zu Füßen.)

Vergebt!

Balboa.

Steh' auf, mein Freund! Umarme mich!
Es mag dein Muth und deine Felsentreue
In einem Kranze schön vollbrachter Thaten
Dem Könige, dem Vaterland beweisen,
Daß Balboa sich nicht in dir geirrt.
Dir ließ ich meinen Degen zum Vermächtniß.
Du wirst ihn gut, du wirst ihn rühmlich führen. —
Was weinest du? — Du standest oft bei mir,

Wo uns der Tod so nahe war als jetzt.
Gehab dich wohl! — Geh' schnell hinweg! — Leb' wohl!

Sechster Auftritt.

Balboa. Jeronimo. Maria.

Jeronimo.

Erschrecket nicht! — Maria — — —

Balboa.

Was, Jeronimo?
Maria! Gott! Was ist geschehen? Sprecht!
Helft ihr, so blaß!

Jeronimo.

Nur eine Schwäche. Ach!
Der jähe Kampf mit Hoffnung und Entsetzen
Hat sie erschöpft.

Balboa.

(faßt knieend ihre Hände.)

Maria! höre!

Maria (halblaut).

Ah!

Jeronimo.

Seht her! Sie regt sich! Gönnet ihr die Ruhe?

Balboa.

Man kommt! — In diesem grausen Augenblicke,
Wo sie mit Tod und Leben zweifelnd ringt,
Sie so verlassen — Gott! — Barmherz'ger Gott!

Jeronimo.

O danket ihm, daß er das Schrecklichste
Ihr unbewußt vorübergehen läßt.

Balboa.

Maria!

Siebenter Auftritt.

Die Vorigen. Eskimosa. Wache oben.

Eskimosa.

Balboa, seyd ihr bereitet? —

Balboa.

Ich bin's! Ich folge!

(geht ab.)

Eskimosa.

Zürnet nicht auf mich!

Balboa.

Wir kennen uns. Ihr übet eure Pflicht.

(an der Stiege.)

Jeronimo! Ihr sorget für mein Weib!

(umarmt ihn, und reißt sich los. Auf der Hälfte der Treppe hält er ermattet an.)

Jeronimo.

(ruft ihm mit emporgehobenen Armen nach.)

Der Himmel öffnet sich! — Zieh' ein, du Sieger!

Balboa (steigt weiter).

Zum Tode! fort.

Eskimosa.

O Gott!

Balboa.

(von der Höhe, durchdringend.)

Leb' wohl, Maria!

Achter Auftritt.

Jeronimo. Maria.

Maria (erwacht).

Er ruft! Wo bist du, Balboa? O komm!
So matt, so weh! — Die Kraft verläßt mich — Ach!

Jeronimo.

Maria, ruhig!

Maria.

Ruhig! Nein! Unmöglich!
Mein Balboa! o komm! — Weh' mir! mein Herz! Es glüht!

Wo ist er? — Auf! — Nicht hier? O großer Gott!
Jeronimo, wo kam er hin? — Ihr zittert!
Verwendet euer Antlitz nicht! — Schon todt?
Ihr weint! — ha, todt! gewiß!!

Jeronimo.

Nein, Donna!

Maria (reißt sich auf).

Nicht todt? Und fort! Jetzt also?

Jeronimo.

Haltet! haltet!
Wo wollt ihr hin?

Maria.

Zu ihm!

Jeronimo.

Ich laß euch nicht!

Maria.

Fort, Grausamer! O was beginn' ich — was?
Hilf, Himmel! Ach, mein Herz! Es bricht! — Erbarmung!
Laßt mich! —

Jeronimo.

O Kind!

Maria (knieend).

Steh', guter Gott, ihm bei,
Mir bei in Todesängsten!

(Kurzer Trommelwirbel in der Ferne.)

Maria.

(reißt sich auf, und stürzt mit einem Schrei zu Boden.)

Ah! Ich folge!

(Pause.)

Jeronimo.

Bewegungslos. — Ich fühle keinen Odem!
Gott möge mir den bösen Wunsch verzeihen!
Wenn sie so schlummern könnte, fort! hinüber!
Wohl war's für sie das Beste! — Schlumm're, Kind!

Letzter Auftritt.

Pedrarias mit Gefolge. Jeronimo.

Pedrarias.

(von der Höhe.)

Maria!

Jeronimo.

(streng und gebietend.)

Stille!

Pedrarias (herabeilend).

Ha, Jeronimo!
Was ist Marien?

Jeronimo.

Stille!! — Seht, sie schlummert.

Pedrarias (furchtsam).

— Erwecket sie!

Jeronimo.

Das kann nun Gott allein!

Pedrarias.

Weh'! todt! — Elender, sprich! Wer hat's verübt?

Jeronimo.

Wer, Pedrarias? — Ihr!

Pedrarias.

Fluch über mich!

(wirft sich zur Leiche.)

Maria! theures Kind! Erwache! — Fluch!!
Verschling' mich, Erde! Hölle, nimm mich auf!

Jeronimo.

Ihn straft sein Herz! —
        O Balboa! Maria!
Ihr seyd vereint! Blickt segnend auf uns nieder!

Der Vorhang fällt.

www.ingramcontent.com/pod-product-compliance
Lightning Source LLC
Chambersburg PA
CBHW031324160426
43196CB00007B/653